指数基金投资精解

——打败90%投资者的极简利器

喻修建　著

地震出版社
Seismological Press

图书在版编目（CIP）数据

指数基金投资精解：打败 90%投资者的极简利器/
喻修建著. —北京：地震出版社，2021. 5
ISBN 978 - 7 - 5028 - 5222 - 1

Ⅰ. ①指…　Ⅱ. ①喻…　Ⅲ. ①指数 - 基金 - 投资
Ⅳ. ①F830. 59

中国版本图书馆 CIP 数据核字（2020）第 222569 号

地震版　XM4718/F(6010)

指数基金投资精解——打败 90%投资者的极简利器
喻修建　著
责任编辑：范静泊
责任校对：凌　樱

出版发行：地震出版社
北京市海淀区民族大学南路 9 号　　邮编：100081
发行部：68423031　68467991　　传真：68467991
总编室：68462709　68423029　　传真：68455221
证券图书事业部：68426052
http：//seismologicalpress. com
E-mail：zqbj68426052@163. com
经销：全国各地新华书店
印刷：北京盛彩捷印刷有限公司

版（印）次：2021 年 5 月第一版　2021 年 5 月第一次印刷
开本：710 × 1000　1/16
字数：260 千字
印张：14. 5
书号：ISBN 978 - 7 - 5028 - 5222 - 1
定价：48. 00 元

序

指数基金，最简单的赚钱工具

现实中有两种截然不同的家庭：

有的家庭一开始就做好了计划，持续不断地存储，用收入买进优质的资产。当家庭结余里积累了足够多的资产之后，就等于拥有许多喂肥了能够定期下金蛋的“鹅”，即使原来的收入减少或者消失，他们也可以不受任何影响，而依靠资产及其产生的收益继续过着美好的生活。

而有的家庭没有投资理财的意识，赚多少花多少，除了一份贷款协议、一份社会保险和一个脆弱的储蓄账户就一无所有了，家庭成员一旦退休，就没有其他的收入来源，只有用大幅减少的退休金、养老金来维持生活，生活质量堪忧。

一个残酷的现实是，现代人的寿命越来越长，与之伴随的是各种疾病缠身，医疗费用急剧攀升，不少家庭因为某个成员的一场大病，极有可能从中产阶层直接下滑到底层群体，因病致贫的事例不在少数。

另一个让人恐惧的状况是通货膨胀持续上升以及生活水平的普遍提高让我们眼睁睁地看着辛苦挣来的钱大幅贬值。过去 30 多年，中国的广义货币（M2）供应量每年的复合增长率超过 20%。货币供应量是什么？它就是所有企业和家庭的存款总和加上流动中的现金，也就是购买力。

应该说，我们对于通货膨胀是很熟悉的，统计数据显示，从 1978 年改革开放至今，物价累计上涨 100 倍以上：当年大学生毕业后工资 50 多元，现在 5000 元都找不到人干活。在所有的资产中，涨得最多的可能是京沪深的房子，仅 2000 年之后就涨了 20 倍。这 40 多年来，我们的收入增长很快，荷包鼓了不少，于是很多人就忘记了节约和储蓄的重要性，沉醉于及时享乐的虚幻感之中，很多人的生活方式是建立在收入持续高增长、资产价格不断上升、永不失业、永不生病的基础上的。这种假设过于乐观了，大家很容易把短期趋势长期化。

正如歌德所说：只有一件事是你可以期待的，那就是意料之外的事。

值得警醒的是，全球经济形势一片大好的时代已经一去不返了，各国GDP持续下滑已是大势所趋。2020年伊始，一场突如其来的新冠肺炎疫情席卷全球，如同一只意想不到的“黑天鹅”，对各行各业都造成了重大的影响，固有的经济秩序面临巨大挑战，经济衰退加速，整个社会经济笼罩着一片雾霾，所以，学会并开始正确地投资理财变得十分重要。

理财的方式有很多，包括储蓄、买债券、买基金、买房子以及买股票等，指数基金是最简单的赚钱工具，下面我们来正式开启学习这种理财方式的智慧之门吧，希望能对你有所裨益。

越早开始积累资金并用于投资，在复利的威力下，资产越会快速增多。但纷繁复杂的投资领域和投资品种实在令人眼花缭乱，而且很多理财投资渠道有很大风险，比如这几年不断跑路的P2P平台让很多投资者血本无归。

有没有一种简单清晰的工具化产品使投资者既能分享权益可靠、稳定投资的收益，又不那么高深难懂，买了后不必担心满仓踏空呢？当然有。指数基金，就是这样一个合适的选择。

国内外诸多投资大师经过亲身实践，向普通个人投资者强烈推荐这种投资工具。指数基金是一种特殊的股票基金，也称指数型股票基金或被动型基金，以复制、跟踪指数为目的，以指数成分股为投资对象，严格按照指数规则进行投资，是能获取与指数大致相同收益率的基金，由于复制、跟踪的是市场涨跌的平均数，所以收益也是市场平均水平。

简单地说，指数基金通过购买和持有股市的全部或部分股票（或债券）来构建投资组合。通过认购指数基金的份额，你就相当于取得了市场上所有大公司的少数股份。挑选那些能够跑赢市场的个股、债券或共同基金既费神又占用大量资金，而指数基金能够帮你解决这些难题。找到一款简单的投资工具，投资者在投资之路上就可以事半功倍，获得稳健而持续的盈利，从容地享受“滚雪球”式的复利增长，这就是这本书要给大家介绍的与指数基金的投资技巧相关的一些内容。

第1章是给投资新手的建议，向投资“小白”介绍了资产、负债和现金流管理等基本知识，以及通过长期积累资产，在资金、时间和收益率的共同作用下，最终实现财务自由。第2章全面介绍一类适合大多数人投资的特殊基金，也是最适合上班一族的投资理财工具——指数基金，让大家更深刻地了解指数投资的优势以及为何受到众多大师的鼎力推荐。第 3 章、第 4 章和第 5 章介绍了指数基金划分的体系，分别对于市场常见的宽基、行业、策略加权以及海外知名指数一一进行了归类和分析，对大家投资相关指数基金提供了非常大的帮助。第 6 章介绍指数基金的估值以及如何运用指数的估值指标判断指数是否具有投资价值，该如何计算指数的估值和收益率等。掌握了估值和价值投资理念，投资者就可以按图索骥买入和卖出指数基金了。第 7 章主要对定投进行了由浅入深的讲解，这也是最适合普通投资者投资指数基金的方法。基金进行定投的关键是微笑曲线，通过定投低估的指数基金，可以获得更好的盈利。第 8 章介绍指数基金的实际操作要点，也是本书的重点：结合自己或家庭的特征，设计出量身定制的定投计划，以具体的实际案例展示如何围绕指数基金构建定投计划。第 9 章介绍了家庭的资产配置结构以及相关的投资策略。资产配置是投资过程中的核心环节，也是投资收益的决定因素，这些内容将更有利于读者对指数投资的理解，并在实践中不断地运用。

本书的最终完成要特别感谢大家的支持和帮助：感谢投资大咖老罗、丁雪梅、黄泥、银行螺丝钉、寻求真相的群众、会飞的鱼等，他们分享的很多精彩观点给了我很大启发，本书中有不少地方借鉴和引用了他们的部分观点与投资方法。

感谢地震出版社的编辑老师们为本书早日出版问世不辞辛劳地付出，感谢我的家人一直以来的支持、理解和信任，每当遇到困难和挫折的时候，是他们毫无怨言地默默陪伴我度过了那些充满焦虑的困顿时光。

相信读完这本书的朋友将会对指数基金投资有更深的理解，也能找到适合自己的投资方法。由于本书是以我个人的投资实践经验为主，一些判断和评论都带有鲜明的个性特点和时间烙印，疏漏在所难免，不足之处请读者朋友们批评指正，相互学习、共同进步。

祝读者朋友们投资旅途愉快！

喻修建

2020 年 12 月于重庆

目　　录

第一章

为什么需要投资理财

> 今天有人对持有现金等价物感到很欣慰，他们不该如此；他们选择了一种可怕的长期资产，这种资产实际上不会有任何回报，而且肯定贬值。
>
> ——沃伦·巴菲特

提到投资理财，你的第一反应是什么？

“赚大钱！”

“不需要，我买了社保。”

“陷阱太多，一不小心就亏了……”

“我没钱，投资不是需要很多钱吗？”

“太复杂了，搞不懂，学起来太难了。”

“我已买了银行理财了。”

……

过上幸福美满的生活，几乎是每一个人的良好愿望，但我们首先应该扪心自问是否具备这样的能力。豪宅、豪车、珠宝、股票……这些属性不一的资产在不少人眼里象征着财富、生活品质的保障，也是绝大多数人持之以恒追求的目标和价值。

但每个人的认知和价值观总是存在差异的，也有少数人选择平淡从容的生活，他们辛勤工作、努力存钱，不认为华丽喧嚣的表象可以代表高品质的生活。

心理学家马斯洛的“需求理论学说”认为人类的需求是有层级之分的，在安全无虞的前提下，追求温饱；当基本的生活条件获得满足之后，则要求得到社会的尊重，并进一步追求人生价值的自我实现。

而要依层级满足这些需求，必须建立在相对自由的财务基础上。在我看来，确实能给我们带来一定的独立感、安全感和成就感，甚至在某些时候，还能“买”到尊严。因此，我们应该正确地认识和对待金钱，让它物有所值，或者“更有所值”。人生最可怕的，并不是你今天没钱，而是未来有没有能够持续赚钱的能力。

投资理财正是让钱“更有所值”并实现财务自由的路径之一。所以，我们必须认识投资理财的重要性，制定一套适合自己的理财计划来达成自己的生活目标。

我们为什么必须学会投资理财呢？其实很多人心里或许有疑问，自己多挣点、少花点不就行了，比那些绞尽脑汁最后赚不到10%的年化收益靠谱得多。

持有这种观念的人不在少数。这让我想起一位理财师说过一个有趣的观点，她说，大学毕业前我们都缺了两门课，一门是爱情课，一门是财富课。

上学的时候，家长、老师就是 A 面，生怕我们耽误学业，赚钱俨然是不务正业；可是一毕业，他们立马翻到 B 面，房子、车子的话题你躲都躲不开。

几乎每个人都经历过这样 A、B 面迅速切换带来的煎熬，对于财富认知的不足让我们很难正确理解投资理财是怎么回事，也总让我们摆不正与金钱的关系。

所以，一说到投资理财，绝大多数人会对这个概念意识模糊，认为理财就是存钱、节俭。其实不然，理财是一个系统概念，范围很广，是一个人一生的现金流量与风险管理，而不仅仅是解决燃眉之急的金钱问题。

种一棵树最好的时间是 10 年前，其次是现在。

大道理不用讲。下面来分层次谈。

一、“跑赢”通货膨胀

巴菲特曾经说，通胀是一种税，其破坏性远远大于任何税种。

如果我们是工薪族，和大多数人一样并不宽裕，那首先要做的就是攒钱，积累本金，这是任何投资理财、最终实现财务自由的必经之路，没有任何捷径可走。

少消费、多储蓄，好像挺简单，但即使持有大笔的现金，其实并不代表拥有资产，也不是“更有所值”的投资理财。现金不等于资产？那我们辛苦攒下几十万上百万元的存款不代表变得富有吗？至少从“生钱”的角度衡量，现金不是资产，持有现金，中长期来看还是贬值的。

诚然，如果减去家庭总负债，在银行里存有几十万元的现金就现在而言确实是一笔不小的财富，但再过 20 年，几十万元很可能就不值一提了。

在缺乏投资理财意识的情况下，很多人认为把钱存在银行里很保险，但“保险”不等于“保值”，更不用说增值了，尽管存款的“金额”（暂不计算微薄的利息收入）没有发生变化，但是它的“购买力”却下降了。换句话说，也就是你的财富正在悄悄地被偷走，而你却丝毫没有察觉到，这个“神偷”就是通货膨胀。

为什么会这样呢？这涉及经济学的专业知识，稍后会做解释。

我们先来看一组数据——不算不知道，一算吓一跳（考虑到各地物价水平差异，仅以平均值计算）：

大米：20 世纪七八十年代：0.12 元/斤；现在：4.4 元/斤，价格是30 年前的36.66 倍。

大白菜：20 世纪七八十年代：0.02 元/斤；现在：1.8 元/斤，价格是30 年前的90 倍。

看病：20 世纪七八十年代：约0.98 元/次；现在：平均90 元/次，价格是30 年前的91.8 倍。

大闸蟹：20 世纪七八十年代：0.8 元/斤；现在：60 元/斤，价格是30 年前的75 倍。

培养一名大学生：20 世纪七八十年代：从小学到大学学费合计约为140 元；现在：从小学到大学约为150000 元，价格是30 年前的1071 倍。

从20 世纪七八十年代至今，我国货币体系中的M2(也就是广义上的购买力，简单点说就是印钞票)增速过快，从1986 年开始到现在，一共印了相当于起始M2 的280 倍左右的钞票，这是我国改革开放后的经济突飞猛进所致，同时又让整个社会充满活力，流动性加速提升。

什么概念？如果1986 年你持有1 万元(即你是万元户)，现在相当于你的等值财富是280 万元，每年年化增长率达到21%，并且持续时间为30 年。这意味着什么？随着通胀加速，如果不能为财富保值增值，你的钱就大幅贬值了。

换个角度讲，如果30 年前你把1 万元存入银行，采取5 年定期储蓄不断滚动定存，即使考虑到保值补贴，你当年存入银行的1 万元到今天也很难超过10 万元，缩水之大可见一斑。

这里先给大家讲一下什么是通货膨胀。经济学上，通货膨胀是指由于整体物价水平持续性上升造成货币贬值或购买力持续下降。目前，世界上绝大多数国家都采用消费者物价指数(CPI)来反映通货膨胀的程度，虽然各个国家对纳入价格指数体系的消费商品和服务项目存在差异，但总体上这个指数反映了与居民生活有关的产品及劳务价格的变化。举例来说，如果在过去1 年中CPI 上涨了4%，就意味着居民的生活成本比1 年前平均上涨了4%。

我们再来做一个预测性的推算。

假设你现在有100元钱，在不做任何投资理财的情况下，以通货膨胀率5%计算，20年后你的购买力仅剩下原来的37.69%，即只剩37.69元。

几乎可以这样说，只要通货膨胀存在（这是一个伪命题），持有现金的购买力就会随着时间的推移而被逐渐稀释。通货膨胀对购买力的影响测算见下表1.1。

表1.1　通货膨胀对购买力影响测算

通货膨胀率（%）	1年后购买力（元）	5年后购买力（元）	10年后购买力（元）	20年后购买力（元）
1	99.01	95.15	90.53	81.95
2	98.04	90.57	82.03	67.30
3	97.09	86.26	74.41	55.37
5	95.24	78.35	61.39	37.69
7	93.46	71.30	50.83	25.84

货币，其真正的价值来自它的流动性，必须是在不断的循环流动中才能“生钱”。比如，给你1000万元，若只存在银行里，那它就是毫无价值的，并且会随着通胀率上升而持续贬值。从这个角度来说，每个人目前拥有的财富一辈子都在与CPI赛跑，这是一场遥遥无期的“马拉松”，看似岁月静好的表象下，CPI这个对手却在毫不留情地吞噬掉我们的金钱。

某种意义上，我们把钱存在银行里（尤其是定期存款），其实也是一种投资理财的方式，这就相当于把投资周期（存款期限）拉长，给出一个确定的投资收益率（年利率），不断地循环投资（到期后取出来把本利继续存入，周而复始）。目的是使手里的钱能够保值增值。但我们忽视了对手CPI的强大。一般来讲，银行存款的年利率约为2%，而CPI往往超过3%，如果按照广义货币M2计算的话，CPI涨幅高达约8%。

这意味着什么？我们原来用100元钱能买到的物品或服务，现在要花103或108元。而我们把钱存入银行如果按照年利率2%一年期固定存款利率计算，每存100元一年后变成了102元，这相当于在一年之中我们就损失了1元（3%－2%＝1%）或6元（8%－2%＝6%）。

家庭所面临的重要的经济决策之一，就是如何为退休生活而储蓄。在社会福利全面提升的今天，普遍的认知是缴纳了社保费，退休后可以依靠养老金颐养天年，但通货膨胀侵蚀财富最明显的例子，恰恰是养老。

假设你现在40岁，希望能在60岁退休后安享30年的退休生活，你每个月的消费水平相当于目前3000元的购买力，如果不考虑通货膨胀因素，则需要退休时准备108万元的现金。

然而通货膨胀却是客观持续存在的，如果每年的通胀率为3%，那就意味着20年后你每个月拿到5418元才相当于现在3000元的购买力，也就意味着20年后需要为未来30年准备的现金总数为309.3万元。如果你现在30岁，退休时则需要准备415.7万元的现金，详见表1.2。

表1.2　60岁退休时所需养老资金

目前年龄(岁)	距退休时间(年)	不考虑通胀，退休时需准备的金额(万元)	假设通胀率为3%，退休时需要准备的金额(万元)
20	40	108	558.7
30	30	108	415.7
40	20	108	309.3
50	10	108	230.2

所以，我们需要用现金去买能够保值增值的“资产”，比如基金、股票和房子等，只有资产才能自己“生钱”，才能保证在CPI居高不下的环境中的生活水准不大幅下降。

二、资产管理，以钱生钱

1. 现金流管理

工作，是人生的第一次社会性投资。

毫无疑问，绝大多数人都是工薪族，减去每天8小时满负荷运转工作的时间和精力，再减去上下班路途中拥堵和奔波耗去的时间，再减去维持日常正常生活需要的时间，能够花在投资理财上的时间和精力的确非常有限。

很多人对于赚钱的理解是从工资收入层面考虑的，然而并不是有好的工作、好的收入，未来自然就会有钱，生活就一定能好。

的确，认真工作是一种美德，也是基本的职业操守，而且最重要的是会给我们带来可持续的现金流——工资。但是，残酷的现实随时都在告诉我们，靠工作挣来的钱已经越来越不能满足现在的刚性消费需求，尤其是在城市中奋斗打拼的工薪族有买房、买车、家庭开支等各种消费需求，在物价跨越式飞涨、CPI 高居不下的今天，他们的需求就更不易被满足。

生活中，我们的收入类型可以分成两种：主动收入和被动收入。

> **主动收入：**简单理解就是需要主动维持才会拥有和保持的收入，比如工资。我们要用自己的时间、精力、技能换来金钱，生活中绝大部分的工作所产生的收入都是主动收入。
>
> **被动收入：**和主动收入不同，它不依赖于用时间去换取报酬，属于不需要付出额外劳动就能赚取的钱，比如投资赚取收益、出书持续赚取版税、投资企业赚取分红、出租房屋赚取租金等，通常是通过一种被动性的收入渠道，或者说建立一个赚钱系统（管道），从而获取可持续性收入。

这两种收入类型并没有好坏之分，主动收入相对稳定、门槛低、风险低，但收入也较低；被动收入难度高，前期需要的投入较大，但收入具有可持续性。

每个人的生命都是有限的，从全生命周期收支曲线来看，并不是每个阶段都能保证收入稳定且大于支出。从图 1.1 展示出生命周期曲线与收支曲线的相互关系。

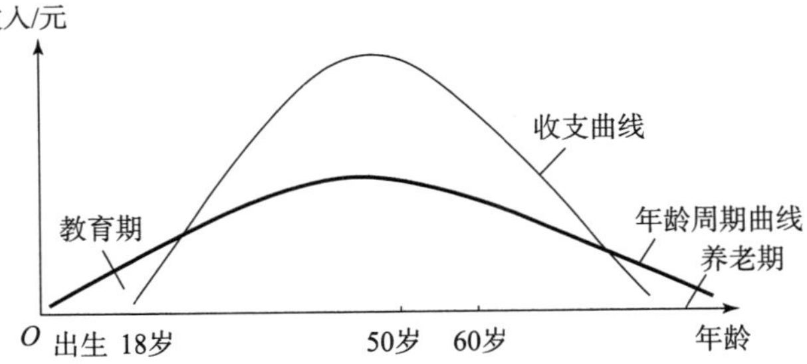

图 1.1　全生命周期收支曲线

2. 风险控制

理财是一个人一生对现金流与风险的管理，控制风险是投资理财的第一要素，假设你突然断了经济来源，比如被公司裁员了或者大病一场，你将依靠什么支付开销？

这正是我们下面要谈的资产管理和财务风险控制。

我们先来看一个案例：

> 2017 年 12 月 10 日，中兴公司某程序员从 26 楼办公室纵身跳下，抛下了 9 岁的儿子、2 岁的女儿、全职带孩子的妻子及双方的 4 位老人，结束了自己 42 岁的生命。
>
> 这个南开大学毕业的硕士生在华为工作了 8 年，在中兴工作了 6 年，靠着自己的努力和勤奋在深圳安家落户并过上了多数人羡慕的中产生活，足以证明其薪资收入还是很高的。
>
> 然而因为公司内部架构调整，人到中年，他毫无预兆地被辞退了，并且此前持有的公司期权也没有被以预估的价格回收。一番争执之下，这个原本可以称之为“混得不错”的中年人选择了跳楼自杀。

在一般人看来，中产阶层收入丰厚，生活条件也不差，小日子过得滋润，哪知其身上背负的四座大山：车贷、房贷、养育子女、赡养老人有时会把他们压垮。

任何人都不知道明天会发生什么，一旦有疾病或者意外发生，往往意味着需要支出大笔大笔的钱。如果没有进行过个人或者家庭的资产管理，未能提前准备，将给自己和家庭带来巨大的经济压力，有时因为一场突如其来的疾病，会导致中产阶层直接滑入底层群体，生活中因病致贫的例子不在少数。

> 很多人平常看起来收入不错，生活幸福，实际上对风险的承受能力十分脆弱。哪怕只是偶然的一个意外，就会成为灭顶之灾。

晴带雨伞，饱带干粮——这是老人经常对我们讲的话。只有未雨绸缪，学会了防范和控制风险，提前为将来规划，才能避免此类悲剧的发生。

三、通往财务自由之路

投资理财的终极目标是什么？相信很多人的答案是财务自由。

当我们以各种方式积累了足够多的钱，然后有计划地让这些钱滚动起来，变成“钱生钱”的资产，“躺着就把钱给赚了”，就实现了财务自由。

但人性中的盲点往往导致事与愿违。

当我们面对两种选择：一是回报丰厚却需要等待一段时间才能获得（延时回报），一是报酬较少却能较早获得（即时回报），绝大多数人往往会基于自己的认知不理智地选择后者，这就是所谓的“二鸟在林，不如一鸟在手”。

具体在生活中，人们倾向于选择做一些即时满足的事情，而不愿意去做一些更重要却见效慢、回报大的事情。

要提醒大家的是，财务自由并非一时之策，而是从始至终贯穿一生的投资策略，需要清晰的目标管理和持之以恒的耐心才能实现，否则你永远实现不了目标。

1. 什么是财务自由

维基百科是这样定义财务自由的：财务自由是指无须为生活开销而努力为钱工作的状态。也就是说，收入等于或者大于日常开支才能实现财务自由。

这是个抽象的概念，就算了解了这个概念，你并不知道自己如何才能实现财务自由。通常，依靠以下两种方式均能实现财务自由。

一种是结果式的财务自由。我们勤恳工作，房价、物价不断飞涨，压力大得喘不过气来，咬咬牙，还能支付各种账单、还得起房贷。数十年后，我们老了，也没什么赚钱的能力了，在人生的后期，我们还算能用省吃俭用积攒的养老金勉强实现财务自由。

另一种是过程＋结果式的财务自由。我们努力工作，认真赚钱，始终有想做的事，计划一下，钱够，去做，钱不够，调整后再做。

比较一下，大多数人会更喜欢第二种情况的状态。但事实上，我们内心的向往和现实，却往往是错位的，绝大多数人都成为了第一种情况的践行者。

仔细观察，我们身边有很多这样的人：住豪宅、开豪车，出手阔绰，每个月有不菲的工资收入，必须通过不断地长时间工作来维持自己的日常花销。在这个过程中，他只是通过工作来赚钱，但这并非真正意义上的财务自由。

真正的财务自由，是拥有对于金钱的掌控能力，花得出去，也能赚得回来。

通俗地说，就是除了日常生活开销外，还得拥有大量能够“钱生钱”的资产。

在《福布斯》排行榜中，那些全球知名的富豪们基本上都有大量这类资产：比尔·盖茨拥有微软公司2%的股权，马克·扎克伯格手里有脸书公司28.4%的股权，沃伦·巴菲特持有很多优秀公司的股票，马云除了拥有阿里巴巴公司股权外，还投资了很多成长型企业……。

这些资产，有的是作为创始人持有的公司股份，有的是通过一级或者二级市场“买来”的股票，无论他们是否工作，这些资产都可以持续不断地为他们带来现金流。

按照常识理解，实现财务自由的一个最基本的标准是我们的被动收入刚好可以覆盖日常生活的支出，也称之为“财务自由平衡”。因此要想实现财务自由，在减少日常支出的同时，还要不断努力增加被动收入。

财务自由度公式如下：

财务自由度=投资净收益/总支出

建议值：财务自由度≥20%。

随着年龄的增长，我们需要不断地调整、提高财务自由度的比例，当这个比例≥100%，你已经实现了真正的财务自由，可以不再为钱担忧和焦虑了。

对于大多数人来说，实现这个目标最适合的方法就是通过投资理财获取和增加被动收入。

2. 如何实现财务自由

财务自由几乎是所有人的梦想，意味着拥有更多的人生选择权，那如何才能实现财务自由，或者说需要多少钱才算财务自由呢?

假设当你的可投资资产大于家庭年支出的20倍时，基本上可以算是财务自由了。我们先来做一道算术题：

A家庭一年的支出约为25万元，即25万元能基本保证一个普通家庭过上有品质的生活。那么，20×25万元=500万元，即需要

500 万元的资金(无负债)就可以实现财务自由，若将 500 万元投资于债券、基金、股票等，实现年化收益 12%(即 60 万元)，25 万元用于支出，35 万元用于抗通胀和扩大再投资，考虑通货膨胀和每年收益不均衡的因素，若家庭年支出仍为 25 万元且财务自由门槛为 25 倍，25×25 万元 = 625 万元；若通货膨胀率 3%，未来资金也应以 3% 的静态通胀率进行折现。

回归财富的本质，有三个要素直接影响财富增长的变化，公式为：

$$\text{总资产收益} = \text{本金} \times (1 + \text{收益率})^n$$

其中，n 为投资的时间年限。

从这个公式里可直观看出，如果想要获得高收益的投资回报，关键看三个要素，即：本金、收益率、时间(计息期)。

在我看来，对普通人来说，实现财务自由最重要的一个因素不是第一桶金(本金)或者投资能力(收益率)，而是活得久(时间)。

只要你活得够久，即使本金不多，每年赚得不多，最终你也有机会实现财务自由。

(1)时间的力量。

人一生累积财富的关键，在于复利的力量。“复利”的神奇在于总资产收益是随着时间呈指数级增长的，投资的时间越长，复利的威力就越大。

复利的力量在于能让财富滚雪球，只要源源不断、持之以恒地进行复利投资，纵使不懂投资的普通人也能获得不错的收益回报。图 1.2 为复利成长曲线。

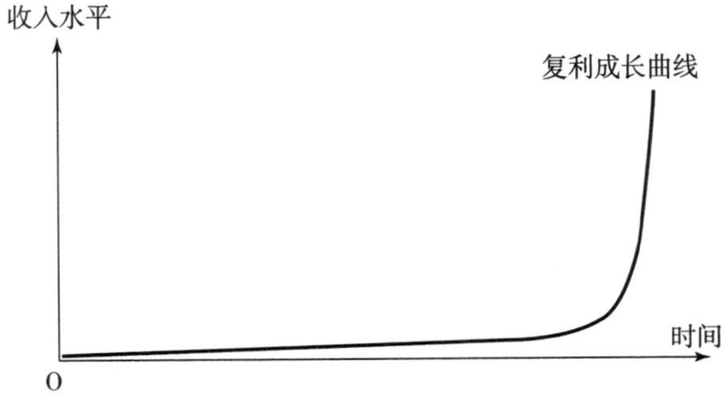

图 1.2　复利成长曲线

假设你有30万元的初始资金，从30岁开始投资，平均年化回报率为15%（含每年3%的通胀率，下同），只需要60年的时间，即可以拥有2.12亿元。这还不考虑如果你处于事业上升期可留存的投资金额逐年递增，若是那样，你实现财务自由的时间将会大大缩短。

即使每年的投资回报率为10%，保持30万元的初始资金不变，考虑复利放大的因素，60年后你也可以拥有约1500万元。如果其他条件不变，年化收益率为25%，则只需要30年时间，你即可成为亿万富翁。

看看以下案例，就知道时间（复利）积累的力量：

若30岁开始投资，年化收益率15%，则60岁能积累899万元；如果年化收益率20%，则70岁能积累1.6亿元（表1.3）。

表1.3　30岁30万元开始投资的复利收益

年龄（岁）	年化收益5%（万元）	年化收益10%（万元）	年化收益15%（万元）	年化收益20%（万元）	年化收益25%（万元）
30	30	30	30	30	30
40	37	59	93	144	219
50	45	116	289	693	1601
60	54	228	899	3332	11693
70	66	228	2792	16016	85411
80	81	449	8670	76986	623897
90	98	1738	26928	370061	4557336
100	120	3420	83634	1778818	33289663

注：假设通货膨胀率为3%，表中计算结果保留到个位。

如果从25岁开始投资，年化15%的收益率，则60岁能积累1320万元；即使年化10%的收益率，到70岁也能拥有525万元（表1.4）。

表1.4　25岁25万元开始投资的复利收益

年龄（岁）	年化收益5%（万元）	年化收益10%（万元）	年化收益15%（万元）	年化收益20%（万元）	年化收益25%（万元）
25	25	25	25	25	25
30	28	35	44	55	55
40	34	69	137	263	494
50	41	136	425	1266	3605

续表

年龄（岁）	年化收益 5%（万元）	年化收益 10%（万元）	年化收益 15%（万元）	年化收益 20%（万元）	年化收益 25%（万元）
60	50	267	1320	6088	26335
70	61	525	4100	29262	192368
80	74	1033	12733	140657	1405176
90	91	2032	39547	676116	10264292
100	110	3997	122826	3249972	74976871

注：假设通货膨胀率为 3%，表中计算结果保留到个位。

截至 2018 年，现年 88 岁的股神沃伦·巴菲特的资产已超过 1000 亿美元，其中，仅 2012—2018 年，其资产靠复利就增长了 450 亿美元，平均每年增长 90 亿美元，每天增长 2465 万美元。

据说，巴菲特 99% 的财富是在 50 岁之后才赚到的，他并没有像一些互联网新贵那样年纪轻轻就赚得盆满钵满，相信他也不曾期待过一夜暴富，心态好也应该是他长寿的秘诀之一。

借助复利的力量，“活得久”的价值可见一斑。

如果初始本金、投资收益拼不过别人，那就争取比别人活得长。

(2)“第一桶金”。

投资需要积累原始资金，换句话说就是“第一桶金”。

先来看一则寓言故事：

阿尔卡德是古代巴比伦一个普通的年轻人，在一个图书馆做抄写员，尽管每天长时间辛苦地工作，但他获得的报酬却少得可怜，因此常常过着入不敷出的日子。后来有一天，他遇见了放债人奥佳米什，这个巴比伦的有钱人告诉了他一个能从穷人变成富人的办法，即把收入的一部分存起来。

年轻的抄写员不相信，但是奥佳米什强调，就是这个方法让他从一个牧羊人变成了放债人。尽管怀疑，但阿尔卡德仍决心试一试。他省吃俭用，将每次收入的 1 /5 强制性存下，没过几年，阿尔卡德就存到了人生的“第一桶金”。这也正是这位后来被誉为“巴比伦最富有的人”积累财富的开始。

事实上，“储蓄”是许多人实现财务自由的先决条件，也是最基本、最简单的理财方式。投资是一个催化剂，只有当拥有一定数量的原始资金后，它才能为你锦上添花。

比如，你的最初本金只有 10 万元，30 岁开始进行基金、股市等投资理财，平均年化收益率为 20%，那么你会在 70 岁(即 40 年后)拥有 5339 万元(表 1.5)，实现财务自由。

表 1.5　30 岁 10 万元开始投资的复利收益

年龄（岁）	年化收益 5%（万元）	年化收益 10%（万元）	年化收益 15%（万元）	年化收益 20%（万元）	年化收益 25%（万元）
30	10	10	10	10	10
40	12	20	31	48	73
50	15	39	96	231	534
60	18	76	300	1111	3898
70	22	76	931	5339	28470
80	27	150	2890	25662	207966
90	33	579	8976	123354	1519112
100	40	1140	27878	592939	11096554

注：假设通货膨胀率为 3%。表中计算结果保留到个位。

换一种思路：如果我们在 30 岁之前努力工作，将自己的原始本金提高到 30 万元，按年化收益率 15% 算，结果会怎样呢？我们在 60 岁的时候，就能积累到接近 900 万元的资产(表 1.3)，60 岁退休貌似还不错。

再比如，30 岁就有 100 万元现金，以年化收益率 20% 计算，50 岁时就能拥有近 2311 万元的财富(表 1.6)。

表 1.6　30 岁 100 万元开始投资的复利收益

年龄（岁）	年化收益 5%（万元）	年化收益 10%（万元）	年化收益 15%（万元）	年化收益 20%（万元）	年化收益 25%（万元）
30	100	100	100	100	100
40	122	197	311	481	730
50	149	387	965	2311	5336

续表

年龄（岁）	年化收益 5%（万元）	年化收益 10%（万元）	年化收益 15%（万元）	年化收益 20%（万元）	年化收益 25%（万元）
60	181	761	2996	11106	38976
70	221	761	9305	53387	284704
80	269	1497	28900	256622	2079656
90	328	5795	89760	1233536	15191122
100	400	11399	278780	5929394	110965544

注：假设通货膨胀率为 3%。表中计算结果保留到个位。

总之，“第一桶金”可以称为财富之路的起点，越早攒下“第一桶金”，未来致富的概率越大，在后面的章节中，我们会重点介绍一些如何积攒“第一桶金”的方法。

(3)收益率的提升。

如果每年的投资收益率达到 8%，70 年里每年投入 7 万元，最后我们的账户里会多出 7741 万元。

这个收益率，其实就是我们财富增长的放大镜和加速器，几乎任何投资，都需要一个合理的预期收益率。

也许有人会说，如果原始资金不够，通过努力把收益率提高就好了。想法是好的，但收益率要增加一个百分点都很困难。而且，收益率每提高一个点，往往就意味着增加 10% 的风险，很可能收益没获得，本金却损失掉了。

先来看看投资大师们的年化收益率：

沃尔特·施洛斯，47 年，年化收益率 20.09%；
本杰明·格雷厄姆，30 年，年化收益率 20%；
沃伦·巴菲特，46 年，年化收益率 22.3%；
乔治·索罗斯，29 年，年化收益率超过 30%；
戴维斯家族，47 年，年化收益率 23%。

在投资规划中，如果你试图在较长时期内把预期年化收益率提高到 25%、30%，除非你认为自己的投资能力远超这些世界上最高级的投资大师，否则请尽早放弃这种不切实际的幻想。这也从一个侧面证实，那些年化收益率超过 30%，甚至每年翻倍的投资产品基本上都是显而易见的骗局。

如果你属于保守型的投资者，抗风险能力较弱，对投资的预期收益率低于 10%，那就没必要投资如股票、期货这些风险大、波动性高的品种。因此，当进行投资时，应事先对收益率有一个合理的预期，比如说 10% ~20% 的预期收益是相对可行的选择(这个区间也是 A 股正常的市盈率倍数)，在这个波动区间的收益率，每提高一个百分点都需要付出极大的努力。

我们还以 30 岁、30 万元的初始资金和假设年化通胀率 3% 来计算，按表 1.3，看看不同的收益率对实现财务自由的影响：

①年化收益率 10%，到 70 岁时才获得 228 万元的资产，你还剩下多少时间？

②年化收益率 15%，到 60 岁时便可以积累到近 899 万元的财富，看着似乎不错；

③年化收益率 20%，到 60 岁时就能够拥有 3332 万元的资产，实现财务自由了。

在通往财务自由之路上，需要原始资金积累(努力工作赚取第一桶金) + 合理的收益率(10% ~15%) + 足够长的时间(复利的力量)，这三个要素都不简单，因此只有少数人通过足够的努力才能达到。

越早开始积累资金用于投资，我们就可以越早积累下资产，让资产为我们打工，通过持续不断地“钱生钱”实现财务自由。

四、上班族更适合买指数基金

过去，我们除了收益率非常低的银行储蓄，几乎没有其他的投资渠道，只能眼睁睁地看着通货膨胀不断吞噬自己的财富。

但如今我们面临的问题已不再是投资渠道的匮乏，而是泛滥成灾、鱼龙混杂，很多投资渠道风险极大，比如最近几年 P2P 平台跑路、比特币腰斩、动辄数百亿元以上的金融诈骗案屡屡发生，导致很多投资者血本无归。究竟哪种投资产品才更适合普通上班族呢？

用逆向思维思考，首先必须把握住上班族的特点，然后才能有的放矢。一般来讲，上班族具有以下四个特征：

(1)收入：稳定但较低。

包括中层管理人员在内的大多数普通上班族每月固定工资约在5000～8000元之间。

(2)时间：满负荷运转。

上班族基本每天8小时满负荷工作，加上上下班途中的拥堵和奔波，再加上必要的休息时间和社交活动，哪有时间和精力研究投资理财呢?

(3)专业性：多数不懂理财。

投资理财是一个专业性很强的领域，上班族难以在短期内通过自学掌握实战操作的技巧，即使获取了碎片化的信息，也很难有效地应用投资策略实现投资理财的目标。

(4)收益预期：比定期利息高点。

虽然上班族在专业技能上有所欠缺，但是大部分80后、90后的年轻人都已经认识到银行利息太低。当然，对于理财预期收益而言，不管最终的期望值是多少，谁都希望能比银行的定期利息高。

综上所述，适合上班族的投资理财方式应该具备这样几个特点：投资门槛低，操作简单，收益高，安全，不需要花费大量时间。

那么，有没有这样一种稳定、长期可靠，并且回报率令人满意的投资产品呢？当然有，基金就是比较不错的选择。

有人说，买基金有什么意思呀，涨得太慢了，什么时候才能赚到钱？也有人抱怨说：为什么别人都赚翻了，而我买的基金却总是亏钱，最后都割肉卖了呢？

你是不是也有过类似经历？其实，即使你没赚到钱，错并不在于基金，而在于你对它并不了解，不知道这些品种繁复的基金到底有什么投资价值，该怎么投资。

但是，作为一种门槛很低的投资方式，基金已经越来越多地融入我们的投资理财中，可以让我们用不多的资金参与各种丰富的投资。而且，只要掌握了正确的投资方法，获取合理稳定的收益并不难。

简单来说，基金就像一个篮子，这个篮子可以按照预先设定好的原则装入一些市场上我们看好的资产，例如：

(1)各种短期债券、短期理财、现金的，就是货币基金。

(2)各种企业债、信用债、国债的，就是债券基金。

(3)各种公司股票的，就是股票基金。

(4)股票、债券、短期理财等品种的，就是混合基金。

现在的股票基金太多了，我们重点介绍的是其中的指数基金，这也是“股神”巴菲特唯一在公开场合多次推荐的基金品种。

早在1993年，巴菲特就说：通过定期投资指数基金，一个什么都不懂的业余投资者竟然往往能够战胜绝大部分专业投资者。

2007年，巴菲特打赌在接下来的10年中，如果职业投资人至少选择5只对冲基金，那么这个组合会落后于标准普尔500指数基金，为此，他选择了一只低成本的先锋500指数基金。随后，在2002—2007年扣除费用后净回报率高达95%的对冲基金经理泰德·塞德斯接受了这场赌局，他选定了5只对冲基金，预计它们会在10年后超过标准普尔500指数。结果在2015年，泰德·塞德斯提前认输了。最终的结果是，2016年底标准普尔500指数年化复合收益率为7.1%，而同期由职业投资人泰德·塞德斯挑选的基金组合收益率只有2.2%。2016年，巴菲特在致股东的信里披露了9年间两者的业绩表现(表1.7)。

表1.7 5只母基金与标普500指数基金的业绩表现

泰德·塞德斯(职业投资人)						巴菲特
年度	A(%)	B(%)	C(%)	D(%)	E(%)	标准普尔500指数基金(%)
2008	-16.5	-22.3	-21.3	-29.3	-30.1	-37
2009	11.3	14.5	21.4	16.5	16.8	26.6
2010	5.9	6.8	13.3	4.9	11.9	15.1
2011	-6.3	-1.3	5.9	-6.3	-2.8	2.1
2012	3.4	9.6	5.7	6.2	9.1	16
2013	10.5	15.2	8.8	14.2	14.4	32.3
2014	4.7	4	18.9	0.7	-2.1	13.6
2015	1.6	2.5	5.4	1.4	-5	1.4
2016	-2.9	1.7	-1.4	2.5	4.4	11.9
	8.7	28.3	62.8	2.9	7.5	85.4

2014 年，巴菲特专门立下遗嘱：如果他过世，其名下 90% 的现金将让托管人购买指数基金。

为什么巴菲特再三推荐指数基金，到底它有什么神奇的魅力？为什么巴菲特认为对普通投资者来说，指数基金是最好的选择？下一章会让你解开这些疑惑。

延伸阅读

指数基金“教父”——约翰·博格

2019 年 1 月 16 日，先锋集团创始人、前首席执行官，被称为指数基金“教父”的约翰·博格先生去世，享年 89 岁。

1951 年从普林斯顿大学毕业后，博格开始从事投资事业。1974 年，博格断定不存在能战胜市场指数的基金，开始推行以指数为基准进行投资的原则。1975 年，博格成立了先锋公司，并于次年推出了世界上第一只指数型基金——先锋指数基金。

在基金领域，博格如同巴菲特在股票投资领域一样声名显赫。目前，先锋集团不仅是投资领域最受追捧和最成功的公司之一，也是世界上最大的投资管理公司之一。

第二章

指数基金完全解读

没有人比市场知道得更多。指数基金这项看似简单的投资策略，实际上跑赢了大部分面向公众的股票和债券基金。

——伯顿·马尔基尔

说起投资大师，必谈沃伦·巴菲特，一个坚定的价值投资者，他被许多投资者称为“股神”，成为无数人学习投资的榜样。

对于普通投资者来说，尤其是跨越了简单的银行存款利率、余额宝等货币基金收益的初级理财需求进入中高级理财阶段的投资者，需要通过更高一级的权益投资来对抗通货膨胀、使资产长期增值、实现持续的财务规划。

什么是权益投资？所谓权益投资，就是将部分或者全部资金投资于权益资产的投资方式，包括一级市场股权投资和二级市场股票投资等。

一级市场投资门槛比较高，往往需要百万元以上的金额，普通投资者主要通过股票、股票基金、偏股基金、指数基金等方式投资二级市场。

那么，普通投资者更适合什么样的投资产品呢？从1993年至今，巴菲特多次给出了明确建议，而且强烈推荐指数基金。

1993年，巴菲特就在《致股东的信》中说：

> 大部分的投资者——不管是机构投资者还是个人投资者，投资股票最好的方式就是直接去买手续费低廉的指数型基金，这样做的收益（在扣除相关费用后）应该可以轻易打败市场上大部分的投资专家。

2008年，在伯克希尔股东大会上，有人向巴菲特提问：“如果你只有30岁，没有其他经济依靠，只能靠一份全日制工作谋生，没有办法每天进行投资，假设你已经有些储蓄足够支撑一年半的生活开销，那么你攒的第一个100万元将会如何投资？”

巴菲特回答：“我会把所有的钱都投资于一只低成本跟踪标准普尔500指数的指数基金，然后继续努力工作……”

指数基金全称叫指数型股票基金（下文简称指数基金），它是一种特殊的股票基金，也称为被动型投资基金，是以复制、跟踪指数为目的，以指数成分股为投资对象，严格按照指数规则进行投资，获取与指数大致相同收益率的基金。

简单地说，指数基金通过购买和持有股市的全部或部分股票（或债券）来构建投资组合。通过认购指数基金的份额，我们就相当于取得了市场上所有大公司的少数股份。挑选那些能够跑赢市场的个股、债券或共同基金，既费神又要占用大量资金，而指数基金则帮我们解决了这两个难题。

由于指数基金复制、跟踪的是股票市场涨跌的平均数，所以收益大概率也是市场平均水平。

普林斯顿大学教授、《漫步华尔街》的作者伯顿·马尔基尔也曾说：

> 指数基金这项看似简单的投资策略，实际上跑赢了大部分面向公众的股票和债券基金。没有人比市场知道得更多。我选择指数基金来投资自己的退休金，同时也向你们强烈推荐它。

作为曾经的美国白宫经济顾问委员会委员、耶鲁商学院院长和多家大型公司董事，伯顿·马尔基尔对指数基金的推崇并非一时心血来潮，而是数十年来一直坚持的观点。

一、什么是指数

说到指数基金，必须首先搞懂什么是指数。

指数在《金融词典》中的定义是各种数值的综合评价指标，一般用于衡量市场或经济的变化。

指数被广泛应用于经济、金融等领域，如居民消费价格指数（CPI）、生产价格指数（PPI）等。对投资者来说，接触最多的是上证综指、深证成指、沪深300、中证500等股票价格指数。

证券市场的指数主要有三个作用：

> 一是市场的标尺，反映市场的平均收益和波动状况；
>
> 二是指数基金的跟踪标的，按照指数的样本权重进行指数化投资；
>
> 三是衍生产品的基础，比如股票指数期货、期权等衍生产品标的。

对投资理财来说，最重要的指数无疑是股票指数，全称叫股票价格指数，它是用来体现股票市场总体价格变化的指标。

简单说，指数就是一个选股规则，它的目的是按照某个规则挑选出一篮子股票，并反映出这一篮子股票的平均价格走势。

比如说，在任何一个股票市场里，往往都有上千只股票，如果我们想知道整个市场的变化——整体是涨还是跌，或者某个行业的股票走势，不可能每次都去一一查询所有股票的价格。有人想出了一个办法，为了集中反映某一类股票的整体表现情况，就从这一类股票之中选出一些最具有代表性的股票(成分股)，通过一定的方法把它们的价格加总成一个总指数，那么，根据每天这个总指数的变化就可以基本反映出这一类股票的走势。

打个比方，如果把股市比作一个菜市场，那么股票就是菜市场里待卖的各种瓜果蔬菜，按照约定的规则，选一些瓜果蔬菜放在一个篮子里做成一个礼盒，这个礼盒就是指数基金。

以具有典型代表性的沪深300指数为例，它是由从上海和深圳证券市场中选取出的300只A股股票作为样本编制而成的成分股指数。

沪深300指数挑选出的样本基本上覆盖了沪深两市约60%的市值，主要以500亿元市值以上的金融、工业等规模大、经营状况良好、流动性好的公司股票为主，具有较好的市场代表性。沪深300指数是沪深两地证券交易所第一次联合发布的、反映国内A股市场整体走势的指数。

它的推出，丰富了市场现有的指数体系，增加了一项用于观察市场走势的风向标，为投资者全面把握市场运行状况提供了工具，也为指数投资等衍生产品的创新和发展提供了基础条件。

有了这个为股票市场量身定做的指数标尺，我们就可以根据这个风向标来判断市场的走势。每天闭市后，我们只需要看一下沪深300指数，就能知道国内股市规模最大的300只股票当天的整体走势是涨了还是跌了。

在此，还需介绍一下指数点数的概念。每一个指数，都会把某一天的股票总体价格水平确定为这个指数的起点，也叫基准日，再给这一天的股票总体价格定一个基准点数，这个点数就是指数背后公司的平均股价。

比如说，这一天的基准点数为1000点，那么这一天那些被挑选入指数的股票的总体价格水平就是1000点，以后股市的涨跌就是跟这一天来做比较。比如说，第二天这个指数里的股票有80只涨了，20只跌了，平均计算下来，总体上涨了10%，那第二天的指数就从1000点变为了1100点。

这个点数下跌，就代表指数背后的公司股价整体下跌了；如果点数上涨，就意味着指数背后的公司股价整体上涨了。

所以，我们只要了解了股票指数的变化，就能迅速地了解某个股票市场或者某一类股票的整体涨跌情况，大家经常说某某股市涨了或跌了，所指的就是这个股市里最重要的指数涨了或是跌了。

长期来看，股市会变得越来越有效，美股如此，中国A股也是如此；市场有效性越大，想赚取超额收益就越难。但是，股市长期上涨的趋势是不会改变的，所以指数的点数也是不断上涨的。

例如中证500指数，它是2004年12月31日从1000点开始起步的，也就是把2004年12月30日的该指数成分股的平均股价定义为1000，截至2020年2月18日，中证500指数收盘于5660.81点。

再以港股的恒生指数为例，它是从1964年的100点开始起步计算的，也就是把1964年某一天的该指数成分股的平均股价定义为100点，截至2020年2月18日，收盘于27548.1点。也就是说，56年以来，中国香港的恒生指数上涨了约275倍。如果我们从1964年买入并持有恒生指数基金到2020年2月18日，就可以实现这么高涨幅的收益。

因为指数总是长期上涨的，所以历史越长，指数的点数就会越高，这就是指数点数的作用和意义。

此外，指数是永续的，成分股虽然有变动，但指数将恒久存在，这将很大程度上避免了本金的永久性损失，除非遭遇市场的系统性风险，指数基金很少会遇到“黑天鹅”。

二、谁开发的股票指数

如果把基金的不同投向看作选择不同的菜品，那么每个标准的指数就像一张丰富多彩的“菜谱”，它会清楚地标注出都有哪些原材料(股票)，并且会严格标注每种原材料所占的比例。

这些“菜谱”(指数)肯定不是凭空产生的，它们会通过一系列的考察指标进行筛选，比如市值、流动性、经营状况等，由专家委员会编制生成，再通过指数机构审核，然后变成正式的指数被推向市场。

国内的指数机构分为两种，一种是具有官方背景的专业指数公司，比如中证指数公司和深圳证券信息公司，这两家公司几乎囊括了市场上绝大部分指数，股票指数基金跟踪的主要是它们开发的股票指数；一种是独立的第三方开发机构，包括证券公司、私人研究机构等，但是市场上跟踪这些机构开发的股票指数的基金产品很少，可能跟缺乏权威性相关。

所以，我们重点介绍国内三大指数系列：上海证券交易所(简称上交所)

开发的上证系列指数，深圳证券交易所(简称深交所)开发的深证系列指数，以及中证指数公司开发的中证系列指数。

中证指数公司是由上海证券交易所和深圳证券交易所联合出资成立的，是目前国内最大的指数研发、运营和服务的专业机构，在近20年长期的指数运营服务经历中，积累了良好的口碑，被市场广泛认可。

比如，中国金融期货交易所上市的三大股指对应跟踪的上证50指数、沪深300指数、中证500指数，都是由中证指数公司在负责授权维护和运营的。

中证指数体系包括规模、行业、主题、策略、境外、客户专门定制等股票指数。

以我们耳熟能详的上证综指为例，就是上交所编制开发的。我们经常听到“股市涨到5000点”“大盘跌破3000点”说的就是上证指数，也叫上证综指，它衡量的就是在上交所挂牌上市的全部股票的价格，也就是上交所这个“大班级”里所有“同学”的总体水平。

上证指数1990—2016年历史走势详见下图2.1。

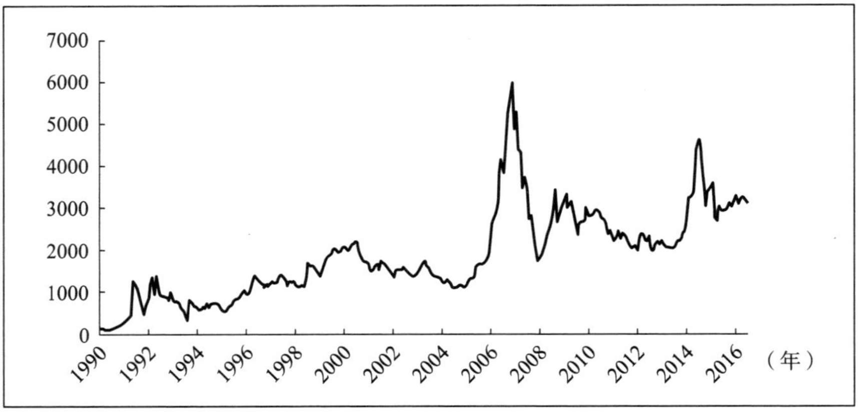

图2.1　上证指数历史走势图

上证指数因为历史悠久，所以经常被人提及，不过它只代表上交所的股票，不代表深交所的股票，并不能全面地反映国内股市的整体情况。

当年创立沪深两个交易所时，是将上交所作为主板市场，重要的大型公司，尤其是国企，几乎都在上交所上市。而民营企业，尤其是规模比较小的，就去深交所上市了。直到今天，上交所的上市公司股票市值远远大于深交所的，是名副其实的“老大哥”，因此，投资者习惯于把上证指数作为股市大盘涨跌的最重要的风向标。

但是如果只简单地把上证指数和深圳成指这两个指数作为指数基金的投资标的其实并不合适，具体原因后面章节再作详细介绍。

在美国，主要有三大指数：

(1)道琼斯工业指数(DJIA)：道氏理论的首创者查尔斯·亨利·道于1884年7月3日首创了股票市场平均价格指数。道琼斯工业指数首次公布是在1886年5月26日，它代表着美国工业中最重要的12种股票的平均数，经过多年的实践和调整，后来把工业、铁路、公用事业的股票平均价格指数一起平均，于是形成了今天的道琼斯综合指数，但最为著名的仍是工业平均指数。

(2)纳斯达克指数(NQCI)：这是一个从美国纳斯达克证券市场中采集得来的指数，包括计算机软硬件、半导体、网络、通信以及生化科技等与高科技有关的各种股票。它是高科技产业的重要指针，也是全球科技股的风向标。

(3)标准普尔指数(SPCI)：由美国20世纪20年代最大的证券研究机构标准·普尔公司编制而成。1923年，普尔公司最初只挑选了230种股票作为标准普尔指数的样本股。1957年，该指数范围扩大到了500种股票。直至今天，虽然该指数中的股票不断被更换，但始终保持为500种，所以也被称为标准普尔500指数。

在国际市场上，还有许多著名的股票指数。

比如，中国香港地区由香港恒生银行全资附属的恒生指数公司编制的恒生指数，其成分股由香港股票市场中33家实力雄厚的上市公司股票组成，其总市值约占香港联交所市场资本总额的70%。此外，香港还拥有H股指数，纳入的成分股是在中国内地注册、在香港上市，且用港币交易的公司股票。

另外还有一些世界知名的指数开发公司，比如英国金融时报开发的富时100指数(FTSE100)，日本经济新闻公司开发的日经指数(NSA)，德国德意志交易所开发的法兰克福指数(DAX)等等。

尤其值得一提的是，由美国著名的指数开发公司摩根士丹利所编制的MSCI指数从2018年6月1日开始，正式将我国A股的部分公司股票纳入其指数体系。MSCI作为一家提供全球指数及相关衍生金融产品的国际公司，其推出的MSCI指数为众多投资者参考，包括投资组合经理、经纪交易商、交易所、投资顾问、学者及金融媒体等均会使用MSCI指数。

MSCI中国指数系列由一系列国家指数、综合指数、境内以及非境内指数组成，是提供给包括QDII和QFII在内的国内外持牌机构投资者进行多样化投资选择的平台，会给国内的股市引入源源不断的资金。

三、指数基金是怎样产生的

指数就是一个选股规则，它的目的是按照某个规则挑选出一篮子股票并反映出这一篮子股票的平均价格走势。

比如说，有很多基金公司要开发出某一款基金产品，不能像厨师那样按照自己的喜好和主观意识去选择“原材料”，只能完全按照指数的选股规则买入完全一样的一篮子股票，这就是指数基金。

一般来说，指数基金所持有的股票种类、数量和比例等都跟对应所跟踪的指数非常接近，因此其涨跌走势也跟指数差不多。换句话说，指数基金把指数这个抽象的概念以复制指数构成股票组合作为资产配置的方式变成了可以实际交易的产品。

任何指数的规则都是公开透明的，且无法进行随意调整，基金公司只有在遵循这个游戏规则的前提下开发出与之对应的指数基金产品。打个比方，厨师在拿到菜谱之后，只能根据其提供的“原材料”和制作流程，进行操作，最多可以在烹饪方法或者摆盘方式上偶有变化。

再以国内著名的沪深300为例，各家基金公司追踪这个指数的指数基金产品多达数十只，但因为追踪的是同样的指数，都是在按照相同的游戏规则运行，彼此之间持有的股票种类、数量、比例都差不多，所以它们的表现也都非常接近，并且都跟沪深300表现近似。

从这个角度理解，所谓指数基金投资，就是以追求组合收益率与指数收益率之间的跟踪误差最小化为业绩评价标准，跟踪误差越小，指数基金越优秀；反之，就越糟糕。

作为一种被动投资方式，指数基金投资与主动投资方式的根本差异，在于它完全按照指数样本股票的组合进行投资，基金公司或者操盘手不进行选股，而是将选择股票的权利交给指数编制机构。换句话说，最终选择股票的权利也并非由指数编制机构做主，实质上是交给了市场，是“无形之手”在发挥作用。

前面提到过，一般的股票基金属于主动型投资，依赖于基金经理的投资水平，基金业绩的好坏主要取决于基金经理的决策能力和智慧。而指数基金不一样，它是以某种指数作为模仿对象，按照该指数构成的标准，购买该指数包含的证券市场中全部或部分的证券，目的在于获得与该指数相同的收益水平。所以，指数基金的业绩跟基金经理的关系不大，主要取决于对应指数的表现。

这是指数基金跟普通的股票基金最大的差异，且纪律性强的要求可以有效降低基金经理和基金管理者的道德风险。投资者通过观察指数的表现，就可以完全理解基金经理的操作，即使基金经理离职，基金的表现也只跟指数有关。

比较而言，投资指数基金是一种降维选择，投资者只需要进行基础的市场判断，选择市值覆盖率高的宽基指数进行投资即可。退一步说，即使你认为自己是投资新手，市场选择能力一般，还可以选择定期投资等简单有效的方式，其核心理念都是以被动方式参与和分享权益市场的收益。

国内第一只指数基金成立于 2002 年 11 月，跟第一只开放式基金和第一只货币基金一样，都是华安基金（后来转型为华安 MSCI 中国 A 股增强型证券投资基金）出品的，叫作华安上证 180 指数基金，其开启了国内指数基金的先河。

2003 年初，天同基金（后更名为万家基金管理公司）发行天同上证 180 指数证券投资基金，这是国内第一只全复制指数基金。2004 年底，国内第一只 ETF（交易型开放式指数基金）——华夏上证 50ETF 诞生。

迄今为止，国内各类指数基金总共合计超过了 600 只，而且数量还在持续增加。

延伸阅读

指数基金的诞生

1971 年，世界上第一只货币基金诞生。1975 年，第一只指数基金在美国诞生，它是由先锋集团的约翰·博格创设并正式推出的，叫作先锋 500 指数基金。

约翰·博格是世界上第一大基金管理公司——先锋集团的创始人和董事长，被称为“指数基金教父”。1974年，博格认为没有能够战胜市场指数的基金，并开始推行以指数为基准进行投资的原则，即完全跟随指数涨跌来投资。

先锋500指数基金最初发行认购情况并不理想，直到1976年8月底才募集到1140万美元，离预计的1.5亿美元规模差距甚大。经过数十年发展，先锋集团旗下管理的资金超过了1万亿美元。

一直持续到1980年代，指数基金在美国依然不受欢迎，尤其受到基金经理们的集体抵制。他们认为，如果买指数基金更赚钱，那还要基金经理干什么？对于基金投资者来说，过去几十年都习惯了追捧各种金牌基金经理，对指数基金这个新生事物仍持有怀疑态度。

但到了1990年代，美国股市进入史无前例的持续大牛市阶段，几乎所有人都被震惊了：80%以上的主动型基金从长期看都输给了指数基金。自此，指数基金开始扬眉吐气，成为主流投资趋势，越来越多的全球投资者都成了指数基金的忠实粉丝。

仅以美国为例，截至2015年7月31日，在此前的12个月时间段内，ETF成交额达到了18.2万亿美元，一年的成交额已经超过了美国的GDP（17.4万亿美元）。

约翰·博格是指数基金的缔造者，他开创了一个全新的投资时代。身为基金行业“教父”的他，不顾高龄，却像堂·吉诃德一样，高调地在媒体、论坛上批评、讽刺基金行业的弊端。又因为他经常为工薪族投资者提供低风险、低费率、收益稳定的投资产品，对中小投资者信守承诺，因而被誉为“投资行业的良心”。

四、最简单的赚钱工具：指数基金

通过前面的了解，我们已经知道了指数基金的基本概念和基础知识，从最初不被重视，到后来大放异彩被巴菲特、博尔顿、约翰·博格等这些世界顶级投资大师推崇备至，指数基金到底有哪些独特的优势呢？

（一）指数基金简单易懂

对于普通投资者来说，指数基金的第一个优势是它的投资规则公开、透明且容易掌握，可以对基金经理形成天然的约束，也不用整日担心没有及时加仓造成踏空，或者没有及时止损形成回撤。同时，也省去了自己绞尽脑汁挑选个股的烦恼，只要长期持有仍可以获得市场平均收益。

指数基金采用部分或者全部复制、跟踪指数的投资方式，“程序化”地执行，因此投资标的简单透明，业绩透明度较高，而且投资风格一以贯之。

由于指数基金的持仓是公开化的，与指数一致，在互联网上随时随地都可以查询，投资者根据目标指数的涨跌就可以大致判断出自己投资的指数基金是赚还是亏了。

举个例子，我们熟悉的上证 50 指数基金就是复制跟踪上证 50 指数的基金产品。由该基金的管理者按照程序化指令交易，代替投资者自己依照该指数编制规则购买对应构成该指数的具体股票，目的就是确保上证 50 指数涨多少，这只基金也能涨多少；上证 50 指数达到什么收益水平，这只基金收益也近似于这个收益。

再比如，沪深 300 指数基金就是投资了从上交所和深交所挑选出来市值、规模最大的 300 只股票；中证科技 100 指数基金就是跟踪从沪深两市选取的 100 只科技属性强、盈利能力较强、成长空间较大的科技“蓝筹”公司的股票，覆盖了电子计算机、医药生物、通信传媒等行业。

指数编制的重要原则就是规则透明、得到第三方认证，且必须是持续的，不需要选股和择时。基金经理的任务是对指数的成分股进行跟踪，并以此为依据进行组合配置，力争做到最小的跟踪误差，也就是尽可能保持与指数涨跌一致。所以与主动式投资基金比较而言，指数基金几乎不受基金经理个人爱好、投资风格等影响，可更好地保证业绩的稳定与持续性。

（二）指数基金“永续常青”

指数基金的第二个好处，借用银行“螺丝钉”老师的话来说就是可以“长生不老”，永葆青春活力。

为什么这么说呢？指数编制公司会根据市场及个股发生的情况变化，按照既定的指数编制规则，定期调整成分股，把那些“考试”不及格的股票剔除出去，再把一些符合要求的新股纳入其中。而指数基金也会同步跟进，根据标的指数成分股的调整进行调仓，“流水不腐，户枢不蠹”，这在一定程度上保证了投资组合的活力。

虽然各个指数基金的成立时间不同，但总体上说，其所跟踪的主流指数的创设和存续时间往往都比较长且规则公开，因此可以回溯和分析，为投资者提供了非常大的参考价值。

综合来讲，指数基金的特点主要体现在以下两个方面：

1. 优胜劣汰

除了充分分散投资，有效降低“黑天鹅”事件带来的风险，指数都会按照既定规则来定期调仓，一般时间跨度以年为单位，把已经不符合条件的股票剔除出指数体系，纳入新的股票。

举个例子，像乐视网和康美药业这种突然业绩跳崖、财务作假的股票，如果它们被纳入了某个指数，则会被指数编制机构淘汰掉，剔除出该指数体系，然后换进更好的公司。

在某种意义上，主流指数严格的选择标准和规则保证了纳入指数的成分股都是当时整体质量比较好的上市公司股票。

2. 不会倒闭

没有任何一家上市公司可以长盛不衰，但指数是一个选股标准，标准是可以长期不变的，它可以通过选出的新公司替换掉衰落或者倒闭的公司，实现它的“永续性”。

指数基金根据这个标准去选择成分股，一般来说最少会纳入几十只股票，多则上千只，这样自然就会分散投资者的风险，“不把鸡蛋放在同一个篮子里”，任何个股的波动都不会对指数基金的整体表现构成太大的影响。

仍然以上述的乐视网和康美药业这样的公司为例，其所占指数基金所跟踪的指数成分股的比例并不大，即使它们被ST或者破产了，也不会导致该指数或者跟踪该指数的指数基金倒闭。

美国最著名的指数是道琼斯指数，诞生于100多年前。最初，道琼斯指数只有20个成分股，从100点起步，截至2020年2月18日，道琼斯指数已经涨到了29367.2点。“风流总被雨打风吹去”，最初的20个成分股公司绝大部分都已经衰落，至今只剩下通用电气一家公司，道琼斯指数却经历了136年不倒。

此正所谓：铁打的指数流水的股。

如果把指数基金投资看作是策略化投资，那么它与普通股票基金相比较就是既定“策略”和“人”的较量。在投资领域里，每个人的投资理念和智慧是迥异的，而且也几乎不存在常胜不败的人，另一方面，很少有基金经理能投资某普通股票基金数十年以上，所以普通股票基金的业绩一般无法与指数基金相比。

（三）指数基金长期上涨

巴菲特曾经说：买指数基金，其实就是买国运，分享国家经济增长的红利。

我们通过回溯等方式，可以观察到每一个发达国家股市的历史走势图，其指数在长期来看几乎都是上涨的，而且上涨的速度相对其他资产大类更高，这也是权益投资中股票资产的一个显著特点。

这是一个普遍规律。长期来看，只要一个国家没有发生战争或动荡不安，经济能够正常发展，即使缓慢，指数终究也是上涨的，所以，买指数基金，其实就是买国运。

以美国为例，即使是遭遇了 1929 年的大萧条和 1987 年的股灾，但在指数历史走势图上也只不过是一朵并不起眼的小浪花，在长期趋势面前微不足道。统计数据显示，美股长期实际年化回报率可达到 6.83%。也就是说，即使是在当时股市最高点买入股票，购买并持有超过 20 年，股票回报也能大幅跑赢通货膨胀率。

美国著名的道琼斯工业指数是世界上历史最为悠久的股票指数，于 1884 年编制发布，后来因为纳入了公用事业等成分股，指数点数经过调整后以 1928 年 10 月 1 日的平均价格 100 点为基准。前面提到过，指数的点数代表可以看作包括指数的股票的股价。

截至 2020 年 2 月 20 日，道琼斯工业平均指数涨到了 29348.03 点，在 92 年上涨了 293 倍。如果把道琼斯指数的分红、送股等计算在内的话，其涨幅更为惊人！道琼斯指数 1990—2017 年历史走势详见图 2.2。

我们再来看国内股市的平均收益。以中证 500 指数为例，其选择的成分股是由全部 A 股中剔除沪深 300 指数成分股及总市值排名前 300 名的股票后总市值排名靠前的 500 只股票组成，主要反映的是 A 股市场中一批中小市值公司的股票价格表现。

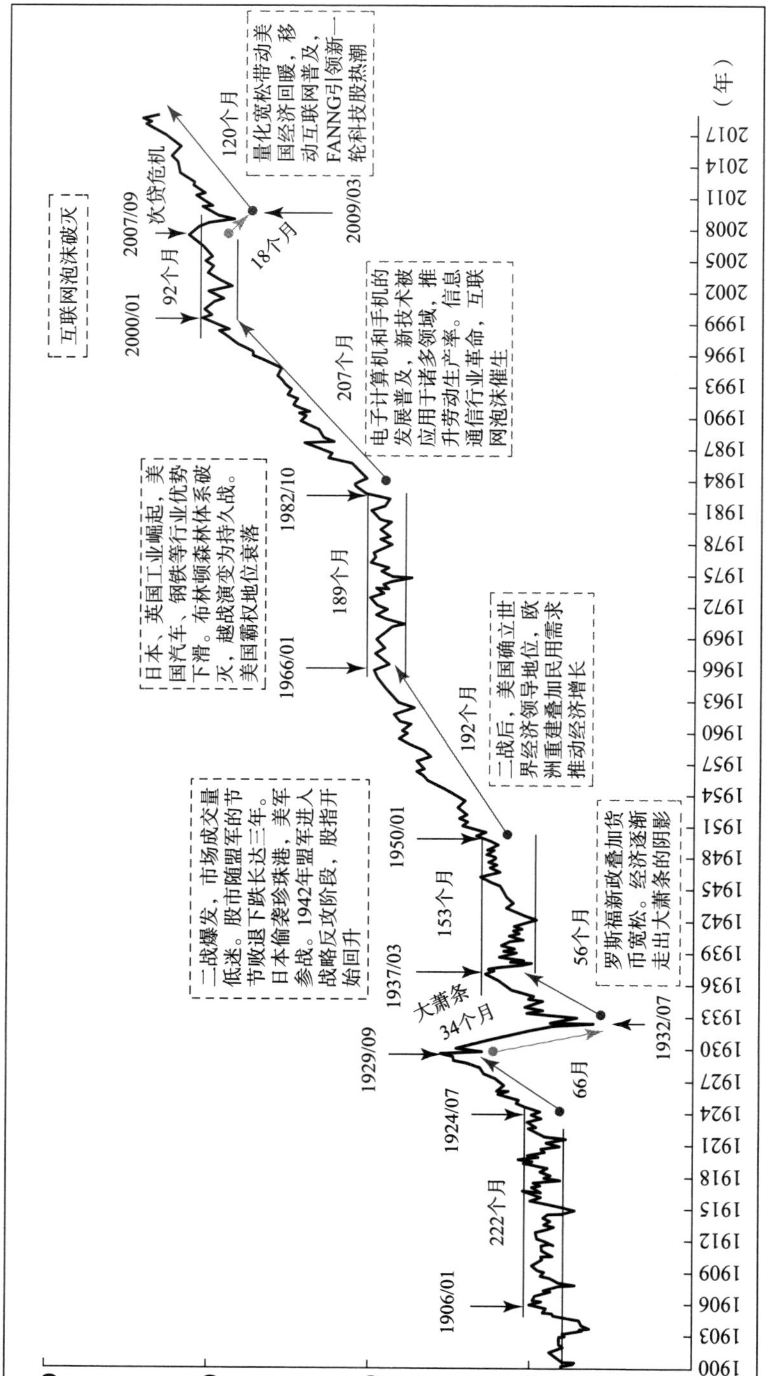

图2.2　道琼斯指数历史走势图

中证500指数于2004年12月31日正式发布，基点为1000。截至2020年2月20日，中证500指数上涨到了5664.08点，16年涨了5.7倍，加上股息收益等，年化收益率超过了17%，其2007—2019年历史走势详见图2.3。

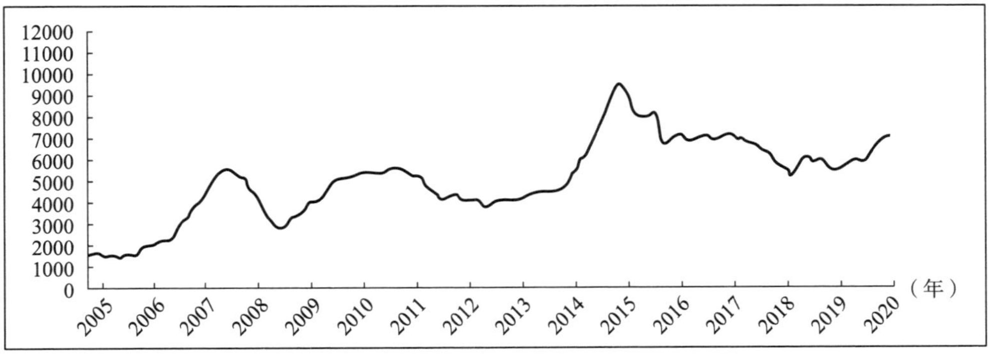

图2.3　中证500指数历史走势图

指数“永续常青”保证了其长期上涨的基础，那又是什么原因确保和促使了指数的长期上涨呢？

指数能够长期上涨的根本原因是背后构成指数的成分股在上涨。进一步推论，那就是指数背后的上市公司在持续盈利；企业利润不断上涨，则推动这只指数长期来看必定上涨；成分股公司的利润越高，指数就会上涨得越多。

一个简单的逻辑是，只要国家经济持续向好，能够为企业营造良好的环境，那么这个国家的企业总体就会源源不断地产生利润，推动上市公司的股价上涨，从而拉动指数长期上涨。

所以，对普通投资者来说，购买指数基金就是间接投资了这些经过严格标准和程序挑选出来的优质公司，享受了优质公司创造价值后带来股价上涨的机会。

如果大家仍然不太理解，用一个公式可以进一步解释上述的逻辑，其实也就是投资获利的基本原理。

$$指数基金净值 = 市盈率 \times 盈利 + 分红$$

通过这个公式，我们可知最好的指数基金投资原则是：寻找到能够不断持续盈利的成分股的指数对象；在较低的估值时买入并在较高的估值时卖出；尽可能多地拥有分红率和股息率较高的上市公司。

1. 分红

分红对股价长期稳定的上涨具有非常重要的意义，一是因为每年稳定的分红会吸引大批机构和稳健型投资者，什么都不做就可以定期收到一笔现金，“躺着就把钱给赚了”；二是分红后股价往往会填权，比如说公司股价 10 元/股，每年股息 5%，分红的话就可以导致公司在 20 年后股价归零，但这显然是不可能发生的，指数的编制规则是不考虑公司分红的，因此在股价填权时，自然就会带着指数上涨。

2. 盈利

PE = P/E，P = PE × E，指数点数 = 指数盈利 × 指数 PE。

从这个等式可以看出，指数成分股里能稳定赚钱的公司越多，指数的盈利就越多，指数的市值/点数也就会越高。

影响因素包括指数盈利的：

(1)财务报表发布：按照证券交易所的规定，上市公司必须对每个季度的运营情况进行财务状况的发布，所以每个季度指数利润会出现一次比较明显的变化。

(2)成分股调整：根据指数编制规则，每个指数的成分股一般一年会调整 1～2 次，剔除亏损或低市值的股票，替换入优秀公司股票。当成分股调整比较大时，指数利润变化往往比较大。

(3)成分股涨跌：这是一个很容易被忽视的问题，尤其是在市值加权指数中，如果高利润成分股的股价下跌，权重下降，那么指数的利润就会随之下降，反之亦然。所以，即使是在没有财报发布和成分股调整时，指数利润也可能因为成分股的涨跌而小幅波动。

3. 估值

总体来说，估值是一个难以下定论的问题，因为优秀指数基金的估值一般来说都不会太低，而且每个人对估值高低的判断和认知存在巨大差异。估值就像一个钟摆，总是在低估和高估之间来回摆动，而且在低点和高点的停留时间都不会太长。无论如何，任何股票、指数都会实现“均值回归”，只是时间长短而已。

我们知道，股票市场总是牛熊交替，所以总会出现指数低估和高估周期性的往返轮回。低估买入决定了我们获利收益的下限，高估卖出决定了我们获利收益的上限。一个上市公司的盈利通常平均每年上涨10%～20%，但估值可能一年里会波动30%～50%，也就是说，这一年估值的下滑甚至可以抵消几年的盈利上涨，换算到指数上结论亦然。但是，只要公司能够持续不断地实现赢利，估值早晚会实现回归，股价的涨幅也会追上盈利的涨幅。也就是说，上市公司盈利的上涨最终总会体现在股价上，这也是价值投资的核心理念。

尽管如此，仍然会有投资者说：为什么指数涨了我却不赚钱？

因为指数投资是动态的，尤其股票和开放式基金是投资者自行买卖，买入、卖出并不与指数的涨跌同步甚至是相反的。通常的情况是，投资者追涨杀跌，大量资金在牛市高位时涌入，在熊市低位时割肉离场。

所以，我们强烈建议不能在牛市的高峰买进指数，因为一旦站在高岗上，即使在下一轮牛市高位解套，收益率也会被大大摊薄，所以在选择投资品种时，应优先选择那些盈利长期增长的优秀指数基金，这个问题我们在后面的章节会进一步阐释。

（四）指数基金费率低

指数基金还有一个最显著的优势，那就是它的费率比较低。

一般来说，主动性基金的管理费通常在1.5%/年，而指数基金的管理费大部分在0.5%，个别指数基金的管理费甚至只有0.15%，比如易方达沪深300ETF链接A、平安创业板ETF等。

千万别小瞧了这1%收益率的差异，如果是长期投资，5年、10年甚至20年，在复利的驱使下，就可以产生天壤之别的收益差异。

关于基金的费用，投资者平时可能关注不多，都习惯了被默认扣除。与主动管理型的基金相比，指数基金的费率优势十分明显，省下的费用就相当于多赚了收益。

买入基金的时候有申购费，卖出的时候有赎回费，有些没有申购赎回费的还有服务费，持有的时候有管理费和托管费等。

但由于指数基金采取的是跟踪指数的投资策略，基金管理者不需要花费大量时间和精力来选择股票、债券等投资工具的种类以及考虑卖出的时机等，对基金经理的要求并不高，这就在一定程度上减少了基金的综合管理费用。

另一方面，指数基金基本上都是采取一种买入并持有的策略，一般不会对投资组合进行频繁调整、买入、卖出，只有在所跟踪指数的成分股发生变化时才随之调整，换手率很低，所以它的交易费用也很低。

1. 管理费

管理费是基金公司收入的主要来源，是基金经理管理基金收取的费用。前面说过，由于指数基金是被动跟踪标的指数，基金管理的主要目的是减小跟踪误差，对选股择时等能力要求较低，因此管理费用比主动型基金低。

一般来说，主动型基金会收取所持基金规模的1.5%作为管理费。比如说，我们持有一只10000元的主动型基金，每年就会被收取约150元的管理费。

而国内指数基金的管理费率控制在0.6%左右，部分规模较大、运行时间较长的基金，管理费率会降低到0.5%以下。也就是说，如果我们持有10000元指数基金，每年会被收取50元的管理费。

基金的管理费标准可以在基金公告中查阅到。

注意：有一类基金是介于指数基金和主动型基金之间的，叫作指数增强型基金，加入了主动管理能力，其费率一般也介于主动型和指数基金之间，例如富国沪深300增强基金，其管理费用为1%。

就个人认知和经验而言，我并不推荐投资这种增强型基金，尽管如果运气好，遇到一个经验丰富、操作能力强的基金经理，收益率会提高一些，但失去了我们投资指数基金的初心，且风险难以控制。

2. 托管费

托管费是指基金托管人为保管和处置基金资产而向基金公司收取的费用。几乎每个基金公司都拥有庞大的资产，但按照相关规定，为了确保资产的安全性，不能直接存放在基金公司，一般会在第三方进行托管，比如某家大型的商业银行，托管费就是支付给托管银行的费用。

管理费和托管费从基金资产中每天计提，每个工作日公告的基金净值已扣除掉管理费和托管费，我们不需要另行支付，因此，这部分费用属于隐性费用，我们是感受不到的。

一般来说，主动型基金的托管费也会高于指数基金，比如易方达中小盘混合基金的托管费率为0.25%/年，而易方达沪深300ETF链接A的托管费率每年只有0.05%。

总体上看，国内指数基金的托管费率平均在0.14%左右，低的可以到0.1%。托管费比管理费低很多，所以投资者一般更重视管理费率的高低。

注意：所有基金，不管是场内的还是场外的，都会存在管理费和托管费。经过多年发展，国内基金的管理费和托管费总体来说都是呈逐渐下降趋势的，主流指数基金大致是0.6%的管理费，0.1%的托管费。

3. 申购费

申购费是申购(买入)基金时需要支付的费用。目前，我们申购指数基金主要有以下渠道：银行、券商、基金公司、第三方基金销售平台——比如：天天基金、蚂蚁财富、蛋卷基金等。

由于竞争激烈，第三方基金销售平台申购费一般都有不错的折扣优惠，相对于其他渠道，第三方基金销售平台更像是一个综合卖场，品种更多、交易便捷，很受基民们的欢迎。

就我自己的选择而言，基本上都会选择通过证券公司开设的股票账户直接通过券商买入、卖出，也就是所谓的场内交易，方便快捷。

具体费率方面，主动型基金的申购费率通常为1.5%，指数基金的申购费在1%~1.2%，如果1折优惠后只有0.12%。另外，申购费用还跟申购金额相关，申购金额越大，费率越低。

4. 赎回费

赎回费是在基金赎回时需要支付的费用，赎回费是和基金持有时间挂钩的，持有时间越长，赎回费用率越低。一般来说，持有2年以上时间赎回费用就免除了。这种按照时间长短的费率设置方式，主要是为了鼓励基金投资者长期持有。

需要特别提醒的是，根据《公开募集开放式证券投资基金流动性风险管理规定》，“对除货币市场基金与交易性开放式指数基金以外的开放式基金，对持续持有期少于7日(自然日)的投资者收取不低于1.5%的赎回费，并将上述赎回费全额计入基金财产”。

细心的读者还会问：申购、赎回、卖出之间有什么规定？简单地说，申购的基金可以当天卖出，次日赎回，买入的可以当天赎回，次日卖出，所以，可以通过申购卖出或买入赎回实现 T+0 交易和即时套利。对于普通投资者来说，这个操作难度挺大，不做推荐。

5. 销售服务费

说到销售服务费，首先要分清楚基金的 A 类份额和 C 类份额，也就是前端收费和后端收费。

前端收费的 A 类份额收取的是申购费和赎回费，不收取销售服务费。而后端的 C 类份额收取的是销售服务费和赎回费，没有申购费。

以易方达沪深 300ETF 链接 A 和 C 为例：

A 类 1 年以内的费用：申购费 0.12%、赎回费 0.5%，共计为 0.65%；

A 类 1~2 年的费用：申购费 0.12%、赎回费 0.25%，共计为 0.37%；

A 类 2 年以上的费用：申购费 0.12%、赎回费 0，共计为 0.12%；

C 类费用：0.2%/年。即：一年费用为 0.2%，两年费用为 0.4%。

从以上数据可以看出，如果你打算持有超过两年时间，建议持有 A 类份额，如果少于两年可以持有 C 类份额。每只基金产品的具体费率不同，但总体上差别不大。

6. 交易佣金

交易佣金是指在场内买卖指数基金时，需要支付给券商的费用，比如：ETF 基金、场内的 LOF 等。所谓"场内交易"，也就是指通过证券交易所进行的买卖活动。随着互联网和智能手机的广泛运用，现在已经不用再到固定场地的交易所，采用手机软件即可完成买入、卖出等交易，方便快捷。

交易佣金是双向收取的，即：买、卖各收取一次。指数基金收取的交易佣金，各家证券公司的规定不同，一般来说，大概在万分之二至万分之三，最低 5 元，但通常情况下，券商为了争夺客户，可能都会给出更低的费率。

综上所述，场内买卖支付的是交易佣金，场外申购支付的是申购费、赎回费，销售服务费(C 端)。管理费、托管费，场内场外都需要支付，且都属于隐形费用，我们平时感受不到。

正如指数基金"教父"约翰·博格所说，低费率是指数基金战胜其他股票基金最根本的制胜法宝。在投资过程中，跟踪同一指数的指数基金，我们应该选择费用最低的那个——反正技术难度都不大，所以费用成本问题自然是越低越好，毕竟省到就是赚到了。

第三章

常见的宽基指数品种

大部分投资者，包括机构投资者和个人投资者，迟早都会发现投资股票的最好方法就是购买管理费用很低的指数基金。

——沃伦·巴菲特

我们知道，指数基金分散了股票型、混合型基金的高风险，而且组合的样本股都是市场规模大、流动性好，覆盖了大盘蓝筹、中小盘成长股，优质的创业股，几乎都是各个行业的头部公司。迄今为止，指数基金已成为规模最大、最受投资者欢迎的一个基金类型。

国内的指数基金虽然开发较晚，但正在"弯道超车"，目前市场上不同基金公司相继推出了百余种不同类型的指数基金，供投资者挑选。面对这么多眼花缭乱的指数基金，不可能都去一一尝试，该如何选择呢？接下来的几个章节，我们挑选了一些比较重要的指数基金进行逐一分析。

下面，我们先来了解一下指数基金的分类。

一、指数基金的类型

指数基金的品种很多，但就具体类型而言，主要分为以下三种，分别是：宽基指数基金、行业/主题指数基金、策略指数基金。

(一)宽基指数基金

按照所拟合指数的编制原则和编制标准进行分类。仔细观察，我们会发现，有的指数在对成分股进行挑选纳入时并没有对具体的行业进行限制。

以上证 50 指数为例，其挑选了上海证券市场规模大、流动性好、最具代表性的 50 只股票组成的样本股，以综合反映上海证券市场最具有市场影响力的一批优质大盘企业的整体状况，并不限制行业，这类基金就是宽基指数基金。

宽基指数是最早出现的一种指数，也是市场上最主要、最具代表性的指数，覆盖的股票面广泛，兼容性比较强。

按照不同的证券交易所，可以分为上证宽基、深证宽基和沪深宽基(仅从名字也可以很清楚地分辨出来)。

以下列举部分常用的宽基指数。

(1)上证 50。由在上交所上市的 50 家规模最大、流动性最好、最具代表性的股票组成。每半年调整一次成分股。

(2)上证 180。由在上交所上市的 180 家规模最大、流动性最好的股票组成。从定义上可知，上证 50 包括在上证 180 中。

(3)深证 100。由在深交所上市的 100 只规模最大、流动性最好的股票组成。

(4)沪深300。选取上海和深圳两个交易所上市、规模最大的300只股票组成。

(5)中证500。选取沪深两个交易所上市、除去沪深300之外最大的500家股票组成。

(6)创业板指数。选取创业板市场上规模最大的100家股票组成。

以上是国内A股最主要的几种宽基指数，除此之外，还有中国香港和欧美市场指数可以关注。

(7)恒生指数。由在香港联交所上市的市值和规模最大的50只股票组成。

(8)H股指数。由在香港联交所上市、规模较大的内地注册的中国企业组成，最初只有10只成分股，经过不断扩容后目前是100只成分股，也就是通常所说的国企指数。

(9)标普500。由在美国上市的最有代表性的500家股票组成，是美国优秀上市公司的代表。

(10)纳斯达克100。由在美国纳斯达克上市的100家股票组成，是美国科技股的代表。

(二)行业/主题指数基金

有些指数在挑选股票的时候，会按照规则要求有所限制只能投资于哪些行业/主题的股票，即对具体行业/主题有所限制。

像中证医药100指数，它从沪深A股中选取医药卫生和药品零售行业中市值较大的100只股票组成样本股，反映医药相关行业公司股票的整体走势，就要求只能是投资医药及其相关行业(主题)的公司，这种指数就是行业/主题指数。

简单点说，行业/主题指数就是以某个行业或者主题构建的一种指数，在指数基金投资市场中也具有非常重要的地位，覆盖的股票面窄，行业/主题属性比较强。

摩根士丹利和标普公司联合推出的全球行业分类标准GICS，将行业分为10个一级行业、24个二级行业、67个子行业，我国也是按照这个标准划分的。

10个一级行业分别为：材料、能源、可选消费、必需消费、金融、医药、工业、信息、电信、公共事业。

我们来看几个值得投资的行业及指数。

(1)必需消费或者叫主要消费。包括食品、饮料、烟草、家居等，大家别误解了“必需”的含义，其实并不仅仅包括生活必需品，类似于饮料、烟草、某些高档消费品或者说奢侈品(比如贵州茅台)也被纳入其中。

(2)可选消费。指除必需消费以外的消费，主要包括汽车与汽车配件、零售业、传媒、耐用消费品、消费者服务等。

必需消费和可选消费的区别：前者侧重快速消费品，后者侧重耐用品。从这个角度说，必需消费行业的成长性优于可选消费行业的，毕竟是刚性需求，比如油盐酱醋茶；而房子、汽车这些大件消费品经久耐用，属可选消费品。其分别对应的指数主要有中证全指主要消费指数、中证全指可选消费指数。

(3)医药行业。包括医疗保健、制药、生物科技、生命技术等，对应的指数主要有中证全指医药卫生指数、中证医药100指数等。

(4)信息行业。包括软件、硬件、信息技术等，对应的指数主要有中证全指信息指数。

其他还有上证消费指数、上证180金融行业指数、300医药指数、中证800地产指数、中证白酒指数、中证消费指数等。

一般而言，对普通投资者来说，投资指数基金最好先从宽基指数基金开始入手，因为这类品种相对容易理解和分析，最直观的判断就是牛熊市的阶段。

而行业/主题指数基金比宽基指数基金波动要大得多，需要对所涉及的行业有一定程度的了解，未来发展走势的逻辑概念要清晰，所以更适合有一定投资经验积累的投资者主动操作。

(三)策略加权指数基金

前面我们介绍的宽基指数和行业指数虽然在市值覆盖、成分分布、风格特点等方面有所差异，但有一个共同点，那就是它们都是按照市值加权的方式来制定指数的。也就是说，成分股市值越大，权重占比就越高，对指数的影响也就越大。主题指数一般采用等权重的方式编制，也就是每只股票所占比重大致一样。

举例来说，一个指数包含了100只股票，总市值1万亿元，其中有一只市值500亿元，另一只400亿元，500亿元市值的股票在这个指数中占比就是5%，而400亿元市值的股票在这个指数中占比就是4%，5%、4%就是权重，其指数就是以股票市值作为权重计算出来的。

策略加权指数，则是对应不同的策略加权方式决定个股权重，也就是通常意义上所说的聪明贝塔指数。

从定义表述来理解，策略指数是采用策略加权的方式编制而成，与其他指数的本质区别主要有两个方面：一是加权方式，策略指数主要采用非市值加权方式，比如基本面加权、股息率加权等；二是多空交易，策略指数可以采用多空两种方式，而其他指数只能单边操作。

从策略指数成分股覆盖的资产类别及加权方式入手，可以将策略指数基金进一步分为三类：非市值加权基金、单一资产类别基金、多资产类别基金。

例如基本面指数就是按照营业收入、现金流、净资产和分红这4个财务指标来衡量并决定成分股和权重配置，哪只股票在这4个指标中占比越高，哪只股票的权重就越大。以基本面50指数为例，前10大成分股权重合计占比达到约48%，银行就占据了7个席位，成分分布比较集中。

但并不是所有成分股的市值与权重占比均呈正相关关系，比如红利指数，它是按照股票的股息率来决定权重的，谁的股息率越高，谁的权重占比就越大。所以，策略加权指数比较灵活，有的股票市值规模不大，但只要分配的股息率高，就可能在红利指数中的占比更高些。

目前，市值加权的方式是市场中最为主流的指数定制方式，也被最多的投资者追捧。策略加权指数基金虽然发展要晚一些，但品种数量和规模增长速度却比市值加权指数基金更高些。

据说，很多更灵活主动的策略加权指数基金的长期收益比市值加权指数基金要好，而且因根据各个指数基金不同特点制定出的投资策略有所不同，其在牛熊市阶段的表现也会有所差异。

总体来说，策略加权指数主要有4种，分别是红利指数、基本面指数、低波动指数和价值指数。

(1)红利指数。按股息率进行加权，主要选择高股息率的股票构建的指数，谁的股息率高，谁在指数中的占比就高，股息率=股息/股价，主要包括：上证红利指数、深证红利指数和中证红利指数。

(2)基本面指数。按4个基本面指标进行加权——4个基本面指标分别是营业收入、现金流、净资产和分红。影响力最大的是基本面50指数。

(3)低波动指数。按波动率加权，波动率越低，权重越高。它的投资理念是不断地把涨得多的卖出，买入没怎么涨的股票。包括沪深300低波动指数，中证500低波动指数等。

(4)价值指数。跟基本面指数很相似，用的是4个估值指标，分别是市盈率、市净率、市现率和股息率。选择市盈率、市净率、市现率越低，股息率越高的股票。

指数的数量其实很多，即国内所有指数的数量并不亚于股票的数量，但我们并不需要了解这么多，只要掌握最常用、最关键的指数基金品种即可。

如果没有特别说明，本书所介绍的都是我们平常最常用的指数及其对应的指数基金产品。

二、A股常见的宽基指数

A股常见的宽基指数有，上证50、沪深300、创业板指数等，下面详细介绍。

(一)上证50指数

1. 指数介绍

上证50指数是由上海证券交易所挑选出的规模最大、流动性最好、最具有代表性的50只股票组成，以综合反映沪市最有影响力的那部分优质大盘龙头企业的整体状况和股票价格表现。

上证50指数，简称为上证50，指数代码为000016。指数代码相当于一个指数的“身份证号”，在网络或者股票软件中输入这个“身份证号”，就能找到上证50的相关信息，比如历史走势、实时走势、涨跌幅度变化以及成交量等。

上证50指数以2003年12月31日为基准日，从1000点开始起步，选样规则是对拟纳入成分股的股票按照最近一年总市值、成交金额进行综合排名，筛选出排名前50的股票作为样本，但因市场表现异常(比如财务作假等)并经专家委员会认定不宜作为样本的股票除外。

图3.1为2004—2019年上证50指数的历史走势图。

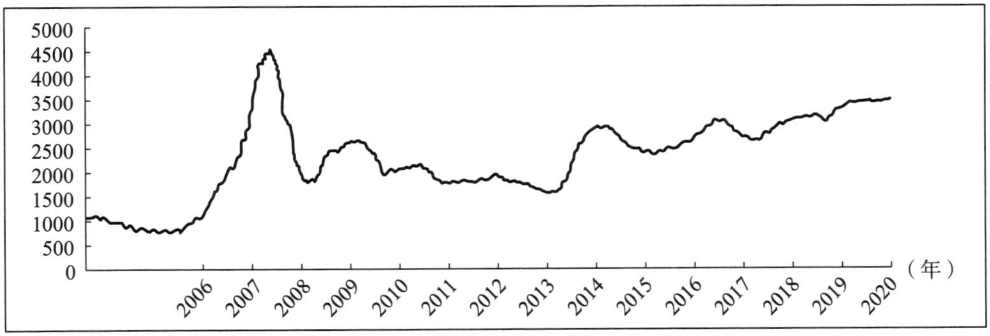

图 3.1　上证 50 指数历史走势图

从图中可以看出，上证 50 指数的总体走势是上涨的，反映了上交所 A 股大盘股的历史走势。

从 2003 年底以来，国内股市相继发生过三轮明显的牛市，分别是 2006—2007 年、2009 年、2015 年。其余绝大多数时间股市都处于平静状态，涨跌均不明显。

2012 年至 2017 年，上证 50 指数的累计收益率为 76.89%，跟沪深 300、中证 500 和中证全指相差不大。但在 2018 年和 2019 年这两个年度，表现却比这三个宽基指数优异，详见下表 3.1。

表 3.1　上证 50 指数与其他主要宽指年度收益率

年度	上证 50(%)	沪深 300(%)	中证 500(%)	中证全指(%)
2012	14.84	7.55	0.28	4.58
2013	-15.23	-7.65	16.89	5.21
2014	63.93	51.66	39.01	45.82
2015	-6.23	5.58	43.11	32.56
2016	-5.53	-11.28	-17.79	-14.41
2017	25.08	21.78	-0.20	2.34
累计收益	76.89	67.64	81.3	76.1

数据来源：WIND 资讯

2. 指数特点

(1) 以大盘蓝筹股为主。

编制上证 50 指数的目的是能够反映上海证券交易所的大盘股走势，所以上证50指数挑选的成分股是以大盘股为代表，估值偏低，属于典型的蓝筹大盘股。

截至2018年8月31日，上证50指数总市值是165920亿元，平均个股总市值3318亿元，市盈率(PE)为12.7，市净率(PB)为1.5。

虽然说上证50指数是从上交所A股中挑选规模最大、流动性最好的50只代表性股票，但并不是满足了这两个条件就可以被纳入样本股了，同时还设置和附加了一些比较严苛的选股条件。比如：上市不满一个季度的股票不选；暂停上市的股票不选；财务上有问题的股票不选；多年亏损的股票不选。

从某种意义上讲，这些严格的筛选规则，可以在一定程度上对指数基金的投资者进行保护。

上证50指数中规模最小的成分股市值都有350多亿元，规模最大的高达2万多亿元。我们来看一下截至2020年2月21日上证50指数排名前10的股票及权重占比，详见表3.2所示。

表3.2 上证50指数前10大成分股

股票代码	名称	权重(%)	所属行业
601318	中国平安	15.49	金融地产
600519	贵州茅台	9.65	主要消费
600036	招商银行	6.37	金融地产
600276	恒瑞医药	4.83	医药卫生
601166	兴业银行	4.53	金融地产
600030	中信证券	3.44	金融地产
600887	伊利股份	3.26	主要消费
600016	民生银行	2.53	金融地产
601328	交通银行	2.53	金融地产
601288	农业银行	2.31	金融地产

数据来源：中证指数官网，截至2020年2月21日

从表3.2可以看出，这些股票基本上都是关乎国计民生的大公司，大多是由国家控股的，或者在对应的行业里是龙头企业，如果我们投资了上证50指数，就相当于持有了这50家实力雄厚的优质公司的股票了。

总体来说，上证50指数大部分权重分布在金融行业，前10大成分股中金融股的权重占比达到了33.25%(前10大权重股中，有7只股票属于金融行

业，其中5只银行股，1家保险公司，1家证券公司）。

上证50指数成分股大部分集中在偏低估值的金融板块，其中金融板块权重占比达到了56.28%。所以，上证50指数除了能够反映上交所大盘股的走势外，更能集中体现金融板块的涨跌轨迹。

（2）只有沪市股票，没有深市股票。

仅从名字上就能知道，上证50一个非常显著的特点就是只有上交所的股票，没有深交所的股票，所以它并不是一个投资市场整体的指数，更多的只是大盘股的表现，不能全面反映出国内股市整体的走势。

尽管根据深交所当初的定位，上市的企业大多为中小市值的成长型公司，但随着这么多年的演进发展，已经成为国内非常重要的股票交易所之一，其地位也难以被替代。

3. 对应指数基金产品

目前，市场上主要跟踪上证50的指数基金有近20只，资产规模超过600亿元，涵盖了ETF、分级基金、普通指数基金和增强型指数型基金。

我们在投资的时候，不需要把每只指数基金都一一了解清楚，挑选那些规模比较大、成立时间长、追踪误差小、管理费率低的品种即可，详见下表3.3。

表3.3　部分上证50指数基金产品

基金简称	基金代码	管理费率（%）	基金规模（亿元）	基金成立日	场内/场外
华夏上证50ETF	510050	0.50	469.91	2004/12/30	场内
易方达上证50指数分级	502048	1.00	5.08	2015/4/15	场内
万家上证50ETF	510680	0.50	1.67	2013/10/31	场内
博时上证50ETF	510710	0.30	4.59	2015/5/27	场内
长盛上证50指数分级	502040	1.00	1.34	2015/8/13	场内
天弘上证50指数A	001548	0.50	8.09	2015/7/16	场外
易方达上证50指数A	110003	1.20	171.86	2004/3/22	场外
中海上证50指数增强	399001	0.85	3.38	2010/3/25	场外
国金上证50分级	502020	1.00	0.90	2015/5/27	场外

数据来源：天天基金网，截至2019年12月31日

从交易渠道上来说，指数基金有场内指数基金和场外指数基金两种，这个“场”所指的就是证券交易所。

如果我们打算投资指数基金，可以直接向基金公司申购。就像平常购买东西一样，我们把钱给基金公司，基金公司给我们对应的基金份额，这就是基金的申购。如果我们不想要了，可以把基金份额还给基金公司，相当于退货，不同的是基金公司会按照当时的基金净值(网上可查阅)把对应的钱还给我们，这就是基金的赎回。

对于可以在场内交易的基金，它有“申购赎回”和“买入卖出”两套交易体系，除了通过正常的申购赎回方式来跟基金公司交易，也可以通过在证券公司开设的股票账户进行交易。

比如，持有1000股场内基金，既可以选择赎回，卖给基金公司，也可以把这些基金卖给其他的个人投资者，后一种方式就是场内基金的买卖。只要开通了股票账户，在手机上即可方便快捷地选择买入或者卖出的操作。

随着移动互联网的发展，促使现在很多指数基金都有场内和场外的不同版本，它们的表现几乎是一致的，而有的指数基金只有场内基金或者只有场外基金。需要提醒的是，如果基金没有在交易所上市，那就是场外基金，它只有“申购赎回”一种交易方式。

大家在投资指数基金的时候，可能会发现跟踪同一个指数的不同指数基金，它们的价格会存在比较大的差异，比如有的基金单价是1.2元，有的基金单价是3.15元。这主要是由于基金成立时间的不同，以及募集资金的数量不同，从而导致每只指数基金的净值不同，对于我们的投资不会造成什么影响。

延伸阅读

为什么要选择规模较大的指数基金

首先，一般基金产品的指数使用费、信息披露费、审计费、管理费等都是固定支出，基金规模太小，单位份额分摊的成本就会相应增大；其次是小规模基金流动性不足，尤其是在熊市阶段，有时候想卖都无人接盘，因为基金规模太小，场内资金量太少，接盘人数不够多；第三是小规模基金面临的清盘风险比较大，基金清算并不是说我们的钱就没了，而是按照这只基金净值强制赎回，导致我们的投资中断，也就是这只基金走向了生命的终点，如果当时账户状态显示是“浮亏”，那就会变成“实亏”。

如果基金规模较大，运营良好，跟踪误差相对较小，即使在遭遇大额申赎时，受到的冲击也较小，那么基金公司运作这个基金就会赚钱。举例来说，规模5000万份的指数基金如果有1000万份的赎回，相当于基金规模的20%，变现压力比较大，而且该基金买入股票的权重指数同样会发生重大变化，从而产生较大的跟踪误差；但是规模为2亿份的指数基金面临1000万份的赎回时，相当于基金规模的5%，此时基金跟踪指数的影响要小得多。

所以，对被动型投资的指数基金来说，规模大一些相对风险较小，但需要提醒的是，增加了资金运作管理成本的策略型指数基金并不适用这一原则。

一般来说，我们建议在挑选指数基金产品时，尽量避开规模在5000万份以下的指数基金，最好规模在5～50亿份之间。

（二）沪深300指数

1. 指数介绍

上证50指数只纳入了50家大型上市公司股票作为成分股，但国内的优质大型企业远超这个数量，而且只有上交所的股票，无法反映深交所以及众多大型公司的真实状况。于是，沪深300指数应运而生。

沪深300指数是由中证指数公司开发的，在上海和深圳证券市场中挑选出市值最大、流动性好的300只股票组成，它们也都是一些大公司。从市值规模来说，沪深300指数占到国内股票市场全部规模的60%以上，所以也被认为是最能代表A股市场的明星指数。

沪深300指数的代码有两个，分别是000300和399300。为什么会有两个“身份证号”呢？因为沪深300指数横跨了沪深两个市场，既有上交所的股票，也有深交所的股票，所以两个交易所都要在各自的交易所给沪深300指数一个指数代码。000300是上交所的代码，399300是深交所的代码。

沪深300指数于2005年4月8日正式发布，基准日为2004年12月31日，基准日点位数是1000点。

细心的读者可能发现了，沪深300指数的基准日期和发布日期相差比较大。为什么呢？指数的发布日期是这个指数正式向市场推广可供投资者查询的日期，基准日期则是因为指数公司需要一段时间筹备、测试等原因，所以一般都会往前推一段时间。

图3.2为沪深300指数2005—2019年历史走势图。

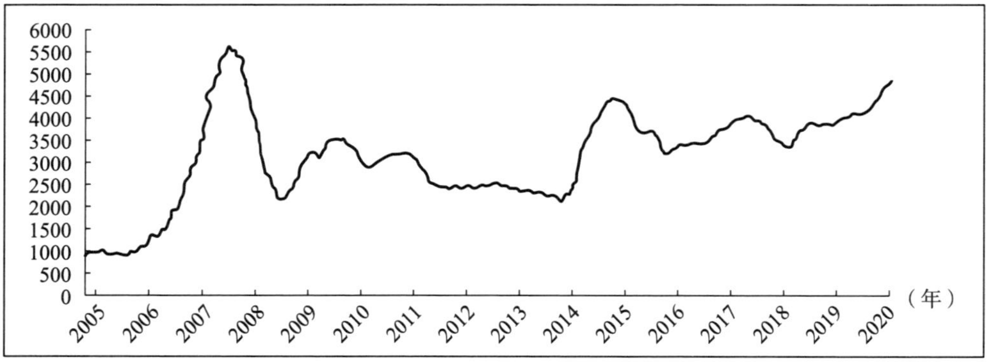

图3.2 沪深300指数历史走势图

从沪深300指数走势来看，从2004年底至2017年底，累计收益率为303.1%，比中证500指数和中证全指的收益率要差一大截，但最近两年开始，沪深300指数的表现优于后两者。

2. 指数特点

跟上证50有点类似，沪深300指数仍是以大公司为主，只不过因为数量增加到300只，覆盖面更广，市场代表性强，基本上把目前国内的大型优质上市公司都包括在内了。查阅一下历史资料即知，沪深300指数的成分股中，规模最小的市值也在百亿元以上。

截至2018年8月30日，沪深300指数总市值为315494.4亿元，平均个股市值为1051.76亿元，市盈率(PE)为15.44，市净率(PB)为1.8，股息率约2%。

沪深300指数的样本根据经营良好、股票价格无异常波动或市场操纵、财务报告无重大问题等规则进行筛选：一是计算样本空间内股票最近一年的A股日均成交金额、日均总市值；二是对样本空间内股票在最近一年的A股日均成交金额排名由高到低，剔除排名后50%的股票；三是对剩下的股票再按照最近一年 A 股日均总市值进行降序排名，选出前 300 只股票进入指数成分股，详见表 3.4 沪深 300 指数前 10 大成分股。

表 3.4 沪深 300 指数前 10 大成分股

股票代码	名称	权重(%)	所属行业
601318	中国平安	6.39	金融地产
600519	贵州茅台	4.00	主要消费
600036	招商银行	2.63	金融地产
000651	格力电器	2.16	可选消费
600276	恒瑞医药	2.00	医药卫生
000333	美的集团	1.89	可选消费
601166	兴业银行	1.88	金融地产
000858	五粮液	1.81	主要消费
600030	中信证券	1.42	金融地产
600887	伊利股份	1.34	主要消费

资料来源：中证指数官网，截至 2020 年 2 月 21 日

从表 3.4 中可以看出，沪深 300 指数前 10 大成分股里金融股(含非银行)所占比例相对较高，达到 12.32%。但整体分布来说，沪深 300 指数前 10 大成分股行业分布相对更加合理。

尽管沪深 300 指数行业分布也偏重金融行业，但相对上证 50 指数的行业分布要均衡得多，金融、工业和可选消费为沪深 300 指数成分股中所占比例最高的三个行业，权重占比分别为 34.7%、12.6% 和 11.8%。

3. 对应指数基金产品

沪深 300 指数的影响力巨大，几乎每一家大型基金公司都针对沪深 300 指数推出了对应跟踪指数基金的产品。目前市场上沪深 300 指数基金多达数十只，产品类型涉及 ETF、普通指数、LOF 及分级基金，详见表 3.5 所示。

尽管这些指数基金都是跟踪相同的指数，高度雷同，但是不同的资产规模和产品形式仍然会对投资收益产生影响，因此需要认真选择仔细甄别。

表3.5　部分沪深300指数基金产品

基金简称	基金代码	管理费率（%）	基金规模（亿元）	基金成立日	场内/场外
农银沪深300指数	660008	0.60	9.59	2011/4/12	场外
广发沪深300ETF	510360	0.50	22.89	2008/12/30	场内
大成沪深300指数	519300	0.75	20.53	2006/4/6	场外
华夏沪深300ETF	510330	0.50	186.98	2012/12/25	场内
华泰柏瑞沪深300ETF	510300	0.50	203.27	2012/5/4	场内
易方达沪深300发起式ETF	510310	0.20	40.72	2013/3/6	场内
嘉实沪深300ETF联接(LOF)	160706	0.50	169.8	2005/8/29	场内
华泰柏瑞沪深300ETF联接	460300	0.50	3.16	2012/5/29	场外
广发沪深300ETF联接A	270010	0.50	12.43	2008/12/30	场外
嘉实沪深300ETF	159919	0.50	183.4	2012/5/7	场内
易方达沪深300发起式ETF联接	110020	0.20	42	2009/8/26	场外
博时沪深300指数A	050002	0.98	56.66	2003/8/26	场外
国泰沪深300指数	020011	0.50	18.98	2007/11/11	场外
南方开元沪深300ETF	159925	0.50	11.7	2013/2/18	场内
建信沪深300指数(LOF)	165309	0.75	5.22	2009/11/5	场内
华安沪深300指数分级	160417	1.00	2.81	2012/6/25	场外
景顺长城沪深300指数增强	000311	1.00	17.43	2013/10/29	场外
富国沪深300指数增强	100038	1.00	118.95	2009/12/26	场外
兴全沪深300指数(LOF)A	163407	0.80	50.52	2010/11/2	场内
申万菱信沪深300指数增强	310318	1.00	5.13	2004/11/29	场外
国寿安保沪深300指数ETF联接	000613	0.50	53.77	2014/6/5	场外
华夏沪深300ETF联接	000051	0.50	161.17	2009/7/10	场外
易方达沪深300量化增强	110030	0.80	12.35	2012/7/5	场外
华夏沪深300指数增强C	001016	1.00	2.62	2015/2/10	场外

资料来源：天天基金网，截至2019年12月31日

从表3.5中我们会发现一个问题：那些成立和推出时间比较早的沪深300指数基金产品具有非常明显的先发优势，资金规模远比后期推出的基金大得多，而随着时间的推移和客户的积累，后期的运营往往“赢家通吃”。

在挑选指数基金时，除了前面所讲的尽量避开规模小的指数基金外，我们还要注意以下几个问题：

(1)寻找费用最低、跟踪误差最小的品种，尽量不选择分级基金，因为其管理费率通常不低于1%，托管费率0.2%，而普通指数和ETF管理费率仅为0.5%，托管费率0.1%，这也是“指数基金教父”约翰·博格所提倡的品种。

基金费用越低、误差越小，指数基金的表现就越贴近于指数。

(2)场内购买时，尽量选择ETF而不选择LOF，因为ETF流动性更好，而且很多基金公司的沪深300ETF都会提供做市商，目前流动性最好的是华泰柏瑞的沪深300ETF。

(3)应选择有特色的增强型指数基金。指数基金的目的是复制指数，但有些时候股市会出现一些比较明显的获得超额收益的机会。于是，有的指数基金会在跟踪指数的基础上，去做一些操作来赚取更多的收益，比如基金打新、量化模型等。这就是增强型指数基金。相比普通的指数基金而言，具有一定的风险。

(4)场外指数基金波段操作如果持有的时间不超过1年，可以选择有C份额的沪深300指数基金，一般会免除申购费，持有超过7天不会收取赎回费，所以不少经验丰富的投资者会选择C份额来做短线操作。

延伸阅读

什么是联接基金？

这是基金公司开发的一种特殊产品。

在投资场内基金的时候，需要通过证券公司开通股票账户，对年龄偏大的投资者来说，操作起来比较麻烦，也没有自动定期投资的功能，所以基金公司就开发了一个联接基金，方便从场外进行投资。

联接基金也被称为基金中的“基金”，是一种通过场外申购赎回来交易的基金，但与其他品种有所区别的是，它并不直接投资股票，而是通过投资对应的场内指数基金来实现复制指数的目的。

一般情况下，很多基金公司在开发ETF基金(交易性开放式指数基金)的时候大多会成立对应的ETF联接基金，它是投资到相对应ETF基金的，不会再单独收取管理费，所以整体费率跟对应的ETF基金一样。

(三)中证500指数

1. 指数介绍

如果说沪深300代表了国内上市公司中规模最大、流动性最好的300家企业，被称为“经济脊梁”的话，那么除此之外，众多中等规模的公司则应该是构成中国经济繁荣发展的“骨骼”。为了统计这些中等规模上市公司的表现，中证指数公司开发出了中证500指数。

中证500指数是由全部A股中剔除掉沪深300指数成分股，再去掉总市值排名前300名的股票后总市值排名靠前的500只股票组成，该指数综合反映了国内A股市场的中小市值公司的整体股票价格表现。

从定位上来说，中证500指数是以沪深两市的中等上市公司为主，与沪深300指数的股票没有任何重合。

中证500指数的代码有两个，分别是000905、399905，均于2007年1月25日正式发布，基准日为2004年12月31日，基准日指数点位为1000点。

图3.3为2005—2016年中证500指数的历史走势图。

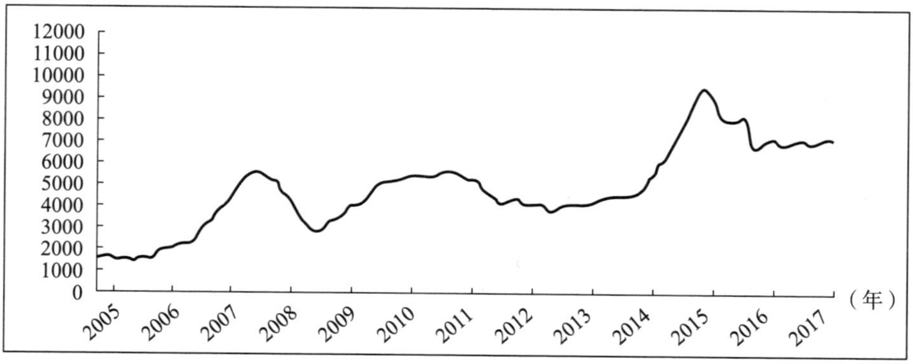

图3.3 2005—2016年中证500指数历史走势图

从中证500指数的走势图看来，其从2004年12月31日至2017年12月31日累计收益高达525%，年化收益率为15.14%，遥遥领先于同期的上证50、沪深300、中证全指等具有市场代表性的宽基指数。或许也正因如此，中证500指数的影响力非常大，跟踪其对应的指数基金产品众多，也深受机构和个人投资者的青睐。

2. 指数特点

中证500是以中等规模的上市公司为主，它与上证50和沪深300的重合度很低。实际上，上证50指数的50家大型公司基本上都被囊括在沪深300中，这两个指数在大部分时候的表现都趋于一致。但中证500与沪深300之间没有重合的股票，因此它的表现也跟另两者差异甚大。

截至2018年1月31日，中证500指数总市值为69373.81亿元，成分股平均市值为166亿元，平均自由流通市值为77亿元，市盈率为28.61，市净率为2.43，股息率为0.86%。

中证500指数的选样空间也有一定条件的限制，一是上市时间超过一个季度，除非该股自上市以来的日均总市值在A股中排在前30名；二是ST、*ST、暂停上市股票排除在外。

中证500指数的选样方法是，首先排除沪深300指数样本股，然后再按最近一年日均总市值排名后去除排名前300位的股票，其次将剩余股票按照最近一年的日均成交金额由高到低降序排列，再剔除排名在后20%的股票，最后对余下股票按照日均总市值从高到低排列，选出排名前500位的股票作为指数样本股。

表3.6为中证500指数前10大成分股。

表3.6　中证500指数前10大成分股

股票代码	名称	权重(%)	所属行业
600745	闻泰科技	0.99	电信业务
300014	亿纬锂能	0.83	工业
002371	北方华创	0.80	信息技术
002384	东山精密	0.79	信息技术
600584	长电科技	0.73	信息技术

续表

股票代码	名称	权重(%)	所属行业
300088	长信科技	0.71	信息技术
002129	中环股份	0.68	工业
300253	卫宁健康	0.65	医药卫生
002463	沪电股份	0.65	信息技术
002065	东华软件	0.64	信息技术

资料来源：中证指数官网，截至2020年2月21日

相对于上证50、沪深300等指数行业以金融、地产板块为主，中证500指数在行业分布上更加注重均衡性，也更具有广泛的代表性，主要以先进的制造业、新材料和信息技术等代表中国未来产业发展方向的细分领域为主，这也是我们所强调的"国家比较优势"的核心构成部分。

3. 中证500指数对应的部分指数基金产品

中证500指数的影响力很大，也是大家耳熟能详的知名指数之一，很多基金公司围绕其开发指数基金产品。目前市场上中证500指数的产品比较多，其类型跟沪深300指数雷同，也涉及ETF、普通指数、LOF和分级基金，详见表3.7所示。

需要特别提醒的是，场外指数基金产品最好持有期超过7天(自然日，非工作日)，否则会被收取1.5%的惩罚性赎回费，其目的是让投资者养成长期投资的习惯，摒弃赌博式的波段操作、买涨杀跌，最后被无情地"割韭菜"的投资方式。

表3.7 部分中证500指数基金产品

基金简称	基金代码	管理费率(%)	基金规模(亿元)	基金成立日	场内/场外
南方中证500ETF	510500	0.50	92.98	2009/9/25	场内
南方中证500ETF联接(LOF)A	160119	0.50	92.98	2009/9/25	场内
广发中证500ETF联接(LOF)A	162711	0.50	17.12	2009/11/26	场内

续表

基金简称	基金代码	管理费率（%）	基金规模（亿元）	基金成立日	场内/场外
嘉实中证 500ETF	159922	0.50	20.8	2013/3/22	场内
广发中证 500ETF	510510	0.50	17.12	2009/11/26	场内
华夏中证 500ETF	512500	0.50	31.04	2015/5/5	场内
华夏中证 500ETF 联接	001052	0.50	31.04	2015/5/5	场外
景顺长城中证 500ETF	159935	0.50	3.15	2013/12/16	场内
景顺长城中证 500ETF 联接	001455	0.50	3.28	2015/6/29	场外
华泰柏瑞中证 500ETF	512510	0.50	7.13	2015/5/13	场内
华泰柏瑞中证 500 联接	001214	0.50	1.79	2015/5/13	场外
农银中证 500 指数	660011	0.75	1.03	2011/11/29	场内
国寿安保中证 500ETF	510560	0.50	7.56	2015/5/29	场内
易方达中证 500ETF	510580	0.50	9.03	2015/8/27	场内
鹏华中证 500 指数（LOF）	160616	0.75	3.06	2010/2/5	场内
嘉实中证 500ETF 联接	000008	0.50	20.80	2013/3/22	场外
信诚中证 500 指数分级	165511	1.00	2.43	2011/2/11	场外
泰达宏利 500 指数分级	162216	1.00	2.68	2011/12/1	场外
富国中证 500 指数增强（LOF）	161017	1.00	58.96	2011/10/12	场外
招商中证 500 指数 A	004192	1.20	0.23	2017/5/17	场外
招商中证 500 指数 C	004193	1.20	0.41	2017/5/17	场外
申万菱信中证 500 指数增强	002510	1.00	2.06	2016/4/21	场外
申万菱信中证 500 指数优选增强	003986	1.00	9.58	2017/1/10	场外
南方中证 500 增强 A	002907	1.00	3.91	2016/11/23	场外
创金合信中证 500 指数增强 C	002316	0.80	2.12	2015/12/31	场外
建信中证 500 指数增强	000478	1.00	58.81	2014/1/27	场外

数据来源：天天基金网，截至 2019 年 12 月 31 日

坦率地说，投资中证500指数是比较容易获得超额收益的指数，目前国内股市最明显的特征是机构投资者较少，散户数量占比巨大，他们尤其喜欢炒作中小盘股，波动幅度比较大，所以一个突出的状况是，中证500指数成分股经常出现不理性的涨跌，而利用这种情绪波动导致的涨跌，就可以获得超额收益。

前面提到过，中证500指数是一个影响力较大的指数，围绕其出现了一系列的衍生品种，比如500增强基金、500低波动指数基金，基于中证500的量化基金等，其中不乏优秀品种，但相对普通指数基金来说，也存在不小的风险，投资者要结合自己的资金、个性和收益预期等特点进行选择。

（四）创业板指数

1. 指数介绍

要搞懂创业板指数，首先要知道什么是创业板。

国内有上交所和深交所两大证券交易市场，我们平常所说的股票，就是在这两个交易所上市交易的股票，它们大多在主板上市买卖。

公司上市不是一件容易的事情，不是谁都可以随便申请就能进入资本市场的，尤其是在主板上市交易，证券监管职能部门设置了很高的门槛，比如公司需要达到一定规模，创设的时间条件、足够的盈利规模等。

但是一些创立时间不久、目前盈利不太好的小公司，比如创业型企业、高科技企业等，根本达不到在主板上市的条件。考虑到这些小公司具备一定的成长性，国家为了扶持它们发展，需要提供融资平台以助力其快速壮大。于是，国家就给这一类嗷嗷待哺的公司提供了一个准入门槛比较低的市场，这就是创业板市场。创业板于2009年10月正式亮相于深圳交易所，也被称为中国的“纳斯达克”。

延伸阅读

主板、中小板、创业板、科创板、新三板都是什么意思？

主板指的是沪深主板，也叫作一板市场，我们平常说的股票大都是在上交所和深交所上市的，在上交所上市的主板企业股票代码以600开头，在深交所上市的主板企业股票代码以000开头。

中小板属于主板市场的一部分，也是一板市场，系深交所主板市场中单独设立的一个板块，发行规模相对主板较小，企业均是在深交所上市，股票代码以002开头。

创业板属于二板市场，是深交所专属的板块，相较主板和中小板来说规模偏小，但成长性强，股票代码以300开头。

科创板属于二板市场，是上交所专属的板块，对科技创新型企业具有更高的包容性，股票代码以688开头。

新三板指的是全国性中小微企业股份转让市场，为那些还没有上市的中小微型企业提供股权交易的平台，准入门槛低，企业质量参差不齐。

总体来看，主板是沪深交易所都有的；中小板和创业板只在深交所；科创板只在上交所，企业都是上市公司，股票可以公开交易；新三板是属于场外市场，非上市公司，买卖股票都有特定的条件，相对比较复杂。

投资者需要知道的是，主板、中小板对投资者的资金量没有强制性要求，钱多钱少都可参与。

作为一个新生事物，科创板需要多说一下。首先，科创板的交易机制变化很大。创业板和科创板要求投资者个人证券或资金账户至少在50万元人民币以上。其次，主板和中小板的交易涨跌幅度限制都在10%以内，新股上市当天，有效申报价格限制在发行价格的144%，创业板和科创板涨跌幅度限制放宽到20%，首发、增发上市的股票，上市后前5个交易日不设涨跌幅限制。第三，增加了盘后固定价格交易，这是主板、中小板和创业板都没有的。第四，科创板股票自上市首日起就可以作为融资融券标的，主板、中小板和创业板的股票则有严格限制。第五，在交易数量方面，科创板的单笔申报数量不少于200股，可按1股为单位递增，限价申报最大不超过10万股，市价申报最大不超过5万股。而主板、中小板和创业板单笔申报数量都是100股或其整数倍，申报上限是100万股。

由于涨跌幅度限制的扩大和融资融券的放开，使得科创板股票的波动比主板、中小板和创业板大得多，投资者必须得有心理准备。

目前，创业板相关的指数有三个：

一个是创业板综指，代码为399102，是为了衡量创业板所有上市公司的平均股价表现而设立的，包括了创业板所有的500多家企业。

一个是创业板指数，代码为399006，是为了衡量创业板最主要的100家企业的平均表现而设立的。创业板指数对成分股的数量进行了限制，设置了相对较高的门槛，是从创业板所有上市公司中挑选出规模最大、流动性最好的100只股票。

一个是后来推出的创业板50指数，代码为399673，是从创业板指数的100家企业中再挑选出流动性最好的50家，有点像创业板中的“上证50”。

需要注意的是，这三个指数中被开发成指数基金产品的，主要是创业板指数和创业板50指数。

创业板指数由深交所于2010年6月1日发布，基准日为2010年5月31日，基准日指数点位为1000点开始的。

图3.4为2010—2019年创业板指数的历史走势图。

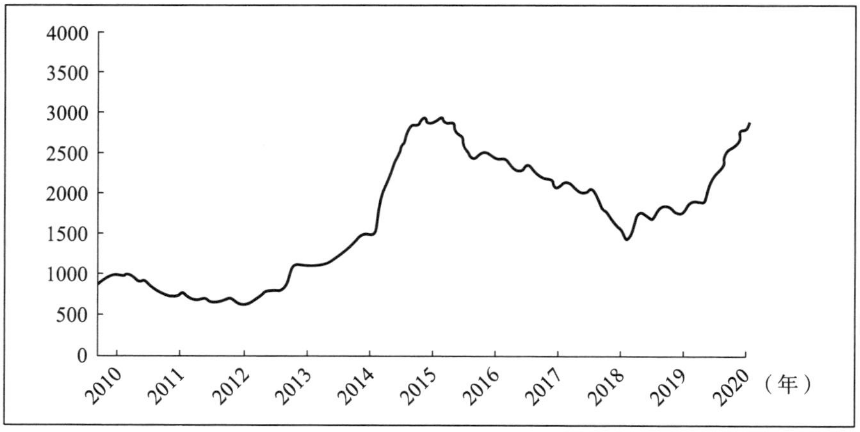

图3.4　创业板指数历史走势图

我们来看一组数据：2013年创业板指数收益率为82.77%，同期上证50指数和沪深300指数收益率却为-15.23%、-7.6%；2014年上证50指数和沪深300指数收益率为63.9%、51.6%，而同期创业板指数收益率仅为12.85%；2017年创业板指数收益率为-10.7%，同期上证50指数和沪深300指数收益率为25%、21.78%。

所以，如果以市场主要指数分年度收益率情况来看，“牛短熊长”的A股市场往往都是呈现出大小盘轮动的典型特征。

2. 指数特点

创业板指数属于以中小型公司为主的指数。

整体来看，这些上市公司普遍处于成长阶段，大部分都没有进入盈利稳定期，但未来发展潜力比较大，像爱尔眼科、乐普医疗等就代表着医疗行业未来的变化。

创业板指数自身的特点比较显著，主要表现在以下三个方面：

(1)一定程度上，创业板存在着较大的发展前景，毕竟任何大公司最初都是从小企业开始起步的，比如苹果、特斯拉这些如今的巨头公司都是从美国的创业板纳斯达克孵化出来的；国内创业板也有众多创新型公司，成长性较强。

(2)在国内经济转型和消费升级的情况下，很多来自消费、传媒、信息技术等行业的公司都在创业板上市，而这些行业是直接受益者，相关政策和市场的扶持力度空前，孕育着巨大的发展潜力。

(3)创业板指数公司整体规模偏小，盈利状况大起大落(公司小+盈利不稳定)，相较于上证50、沪深300、中证500指数而言，创业板指数更容易暴涨暴跌，投资者对此必须做好心理准备。

截至2018年1月31日，创业板指数总市值为2.07万亿元，平均个股市值206.42亿元，平均个股自由流通市值103亿元，市盈率为40.1倍，市净率为4.3倍，股息率0.58%。

创业板指数中前10大权重股里，偏重科技、医疗等成长型企业，汇聚了爱尔眼科、宁德时代、东方财富、沃森生物等新兴产业的代表企业。值得一提的是，创业板指数前10大成分股所占比例高达33.339%，具有显著的龙头效应，详见表3.8。

表3.8 创业板指数前10大成分股

股票代码	名称	权重(%)	所属行业
300498	温氏股份	11.02	农业养殖
300059	东方财富	5.139	信息技术
300124	汇川技术	2.49	机械设备
300142	沃森生物	2.43	医疗保健

续表

股票代码	名称	权重(%)	所属行业
300015	爱尔眼科	2.34	医疗保健
300003	乐普医疗	2.15	医疗保健
300136	信维通信	2.03	信息技术
300750	宁德时代	1.96	新能源
300408	三环集团	1.95	新兴电子
300122	智飞生物	1.83	医疗保健

资料来源：蛋卷基金，截至2019年3月16日

从行业分布来看，创业板指数前三大行业是信息技术、工业和医疗保健，行业权重占比分别是41.7%、24.68%、18.93%。这几个行业都属于未来成长型行业，很难看到“天花板”，所以相比于上证50、沪深300和中证500，投资者给予了创业板指数较高的估值。

3. 创业板对应的部分指数基金产品

市场上跟踪创业板指数的基金产品相对不是太多，但同样涵盖了ETF、ETF联接基金、普通指数基金和分级基金。目前，场内创业板ETF流动性比较好的是易方达创业板ETF和广发创业板ETF，投资者可以考虑选择，详见表3.9所示。

表3.9　部分创业板指数基金产品

基金简称	基金代码	管理费率(%)	基金规模(亿元)	基金成立日	场内/场外
易方达创业板ETF	159915	0.50	167.31	2011/9/20	场内
广发创业板ETF	159952	0.50	6.14	2017/5/25	场内
南方创业板ETF	159948	0.50	15.05	2016/5/13	场内
国泰创业板指数(LOF)	160223	0.50	1.34	2016/11/11	场内
富国创业板指数分级	161022	1.00	42.3	2013/9/12	场外
易方达创业板ETF联接A	110026	0.50	42.31	2011/9/20	场外
天弘创业板C	001593	0.50	15.18	2015/7/8	场外
南方创业板ETF联接A	002656	0.50	9.44	2016/5/20	场外

续表

基金简称	基金代码	管理费率（%）	基金规模（亿元）	基金成立日	场内/场外
天弘创业板 A	001592	0. 50	10. 01	2015/7/8	场外
华夏创业板 ETF	159957	0. 50	1. 72	2017/12/8	场外
工银瑞信创业板 ETF	159958	0. 50	2. 49	2017/12/25	场外
融通创业板指数	161613	1. 00	7. 95	2012/4/6	场外
广发创业板 ETF 联接 A	003765	0. 15	2. 89	2017/5/25	场外
鹏华创业板分级	160637	1. 00	3. 16	2015/6/9	场外
建信创业板 ETF 联接 A	005873	0. 50	0. 53	2018/6/13	场外
工银创业板 ETF 联接 C	005391	0. 50	1. 73	2018/3/21	场外

数据来源：天天基金网，截至 2019 年 12 月 31 日

跟踪创业板 50 指数的相关指数基金产品不多，主要的如表 3. 10 所示。

表 3. 10　部分创业板 50 指数基金产品

基金简称	基金代码	管理费率（%）	基金规模（亿元）	基金成立日	场内/场外
华安创业板 50 指数分级	160420	1. 00	6. 66	2015/7/6	场外
华安创业板 50ETF	159949	0. 50	55. 11	2016/6/3	场内
交银创业板 50 指数 A	007464	0. 50	13. 60	2019/11/20	场外

数据来源：天天基金网，截至 2019 年 12 月 31 日

（五）国内其他指数及其基金

前面介绍了 A 股市场中最为主流的四大宽基指数基金，实际上 A 股市场还有很多其他类型的宽基指数及其跟踪基金产品。但鉴于本书篇幅有限且其并非主流，我们平常接触得也不多，就不一一展开详细阐述了，这里只挑选一些比较有特色的宽基指数基金简单做概略性介绍。

1. 上证综指

上证综指是 A 股市场最早编制并正式发布的一个指数，代码为 000001，可见其重要性。它是以上交所挂牌上市的全部股票为统计范围，以发行量为

权重的综合股票价格指数，几乎可以这样说，上证综指在一定程度上已经成为中国 A 股市场走势的风向标。

我们平常所说的上证 3000 点、5000 点，其实说的就是这个上证综指，这一指数从 1991 年 7 月 15 日开始实时发布，基准日为 1990 年 12 月 19 日，基日指数定为 100 点。

截至 2020 年 2 月 21 日，上证综指上涨到了 3039. 67 点，29 年多时间里上涨了 30. 4 倍，收益也是相当不错的，图 3. 5 为 1990—2020 年初上证综指的历史走势图。

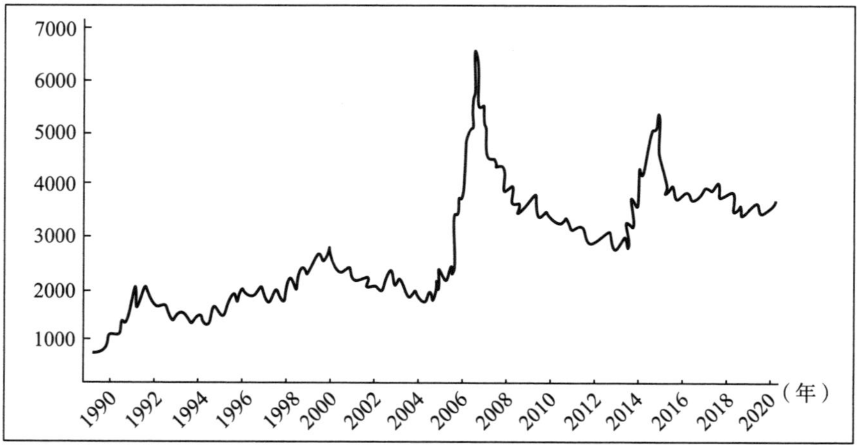

图 3. 5　1990—2020 年初上证综指历史走势图

上证综指包括了上交所全部的上市公司，包括 A 股和 B 股，其目的是综合反映上交所所有股票价格的动态情况。截至 2020 年 2 月 21 日，上交所共计有 1638 只股票，总市值 365896. 76 亿元，流通市值 303102. 85 亿元，平均市盈率为 14. 86。

因为涉及数量太多，无法把这些上市公司的股票都纳入样本空间，跟踪上证综指的指数基金也不可能把所有的股票都买全。所以，经过专家委员会的集体讨论决定，可以通过抽样来选出一部分股票，以近似拟合的方式实现对上证综指的跟踪。

跟踪上证综指的部分指数基金详见表 3. 11。

表 3.11　部分上证综指指数基金产品

基金简称	基金代码	管理费率（%）	基金规模（亿元）	基金成立时间	场内/场外
上证综指 ETF	510210	0.50	1.98	2011/1/30	场内
富国上证综指 ETF 联接	100053	0.50	1.05	2011/1/30	场外
汇添富上证综合指数	470007	0.75	10.98	2009/7/1	场外

资料来源：天天基金网，截至 2019 年 12 月 31 日

2. 中证 100 指数

我们来回顾一下，上证 50 指数是上交所上市规模最大、流动性最好的 50 家公司股票，沪深 300 指数是沪深两个交易所中挑选出来的规模最大、流动性最好的 300 家公司股票。

中证指数公司在这两个重要指数的基础上，随后又开发出了中证 100 指数，代码为 000903，跨越了沪深两个市场，以大盘蓝筹股为样本成分股。

中证 100 指数是从沪深 300 指数样本股中再挑选出规模最大的 100 只股票组成的，以综合反映沪深证券市场中最具影响力的一批大市值公司的整体状况，相比上证 50 指数，它覆盖了深交所的大公司，代表性更全面。

中证 100 指数于 2006 年 5 月 29 日正式发布，样本股覆盖了银行、钢铁、电力、信息技术、交通运输等大型上市公司，其中金融地产占比近 50% 的权重。正因为中证 100 指数样本股均为市场中最具竞争力的大公司，它的市盈率、市净率等指标远优于全市场状况，盈利稳定性也不错。

跟踪中证 100 指数相关的指数基金如表 3.12 所示。

表 3.12　部分中证 100 指数基金产品

基金简称	基金代码	管理费率（%）	基金规模（亿元）	基金成立时间	场内/场外
大成中证 100ETF	159923	0.50	0.33	2013/2/7	场内
海富通中证 100 指数（LOF）	162307	0.70	2.15	2009/10/30	场内
长盛中证 100 指数	519100	0.75	3.93	2006/11/22	场外
诺安中证 100 指数	320010	0.75	3.28	2009/10/27	场外
华富中证 100 指数	410008	0.50	2.42	2009/12/30	场外

续表

基金简称	基金代码	管理费率（%）	基金规模（亿元）	基金成立时间	场内/场外
华宝兴业中证 100 指数	240014	0.50	7.49	2009/9/29	场外
国联安双禧中证 100 指数	162509	1.00	2.21	2010/4/16	场外
中银中证 100 指数增强	213010	1.00	5.11	2009/9/4	场外
国富中证 100 指数增强分级	164508	1.00	1.53	2015/3/26	场外
南方中证 100 指数 A	202211	0.50	2.18	2008/11/12	场外

资料来源：天天基金网，截至 2019 年 12 月 31 日

3. 中证 800 指数、中证 1000 指数、中证全指

中证指数公司是国内市场上指数开发的重要机构，很多主流指数都是其编制开发的，比如大家耳熟能详的沪深 300 指数、中证 500 指数等等。

我们已经知道，沪深 300 指数是沪深两市规模最大的 300 只股票，是大盘股的代表指数。中证 500 指数是排除了沪深 300 指数的 300 只股票之后的规模最大的 500 只股票，是中盘股的代表指数。

在此基础上，中证指数公司把沪深 300 指数和中证 500 指数的 800 只成分股相加，推出了中证 800 指数，代码是 000906，基本上把 A 股的大中型公司都纳入了。跟踪中证 800 指数的指数基金如表 3.13 所示。

表 3.13　部分中证 800 指数基金产品

基金简称	基金代码	管理费率（%）	基金规模（亿元）	基金成立日	场内/场外
易方达中证 800ETF	515810	0.50	4.01	2019/10/8	场内
长盛同庆中证 800 指数(LOF)	160806	1.00	3.70	2009/5/12	场内
添富中证 800ETF	515800	0.50	49.85	2019/10/8	场内
天弘中证 800 指数 C	001589	0.50	1.17	2015/7/16	场外
天弘中证 800 指数 A	001588	0.50	1.17	2015/7/16	场外

资料来源：天天基金网，截至 2019 年 12 月 31 日

针对小盘股，中证指数公司又开发了中证 1000 指数，选择样本股为除去中证 800 指数之外最大的 1000 只小盘股，代码是 000852。跟踪中证 1000 指

数的指数基金如表 3.14 所示。

表 3.14　部分中证 1000 指数基金产品

基金简称	基金代码	管理费率（%）	基金规模（亿元）	基金成立日	场内/场外
南方中证 1000ETF	512100	0.50	1.99	2016/9/29	场内
广发中证 1000 指数 A	006486	0.50	0.28	2018/11/2	场外
华宝中证 1000 指数分级 A	150263	1.00	0.47	2015/6/4	场外
华宝中证 1000 指数分级 B	150264	1.00	0.47	2015/6/4	场外
富国中证 1000 指数增强	161039	1.00	0.76	2018/5/31	场外
招商中证 1000 指数增强 A	004194	1.20	0.16	2017/3/3	场外
招商中证 1000 指数增强 C	004195	1.20	0.26	2017/3/3	场外
创金合信中证 1000 指数增强 A	003646	0.80	0.50	2016/12/22	场外
创金合信中证 1000 指数增强 C	003647	0.80	0.82	2016/12/22	场外

资料来源：天天基金网，截至 2019 年 12 月 31 日

另外，中证指数公司还开发有中证全指，代码为 399985，是从 A 股市场中选取所有的上市公司股票作为样本股而形成的一个股市指数，但剔除了亏损严重的公司和上市不足 3 个月的新公司。

中证全指综合反映了 A 股市场中全流通股票的股价变动情况，但是因为需要选择的成分股数量太多，指数基金产品不可能全部买入，所以中证全指没有对应的基金产品。

三、港股常见的宽基指数

港股常见的宽基指数有，恒生指数、H 股指数、中小指数等，下面详细概述。

(一) 恒生指数

上海和深圳两个证券交易所是大家所熟悉的，但除此之外，中国还有一个地位非常特殊也非常重要的证券交易所，就是香港证券交易所，简称“港交所”。

应该说，相对沪深两所而言，港交所算得上是一个老牌交易所了，早在

1997 年香港回归前的 1866 年就已经开始正式运营，迄今已有 154 年的证券交易史，比 1990 年开始运行的 A 股早得多，所以香港股票市场也是一个比较成熟的股票市场。

从 2018 年全球股票市场综合排名来看，港交所是全球排名前十的市场之一。香港与内地一衣带水，港股市场是与 A 股市场关系最为紧密的市场，内地的很多知名企业都在港交所上市交易，比如阿里巴巴、腾讯控股、小米集团、中国移动、比亚迪等。

投资于中国香港、美国等境外市场的基金品种，被称为 QDII 基金，意思是“合格的境内机构投资者”，可以将其理解为一种“代购”。也就是说，这种经过国内监管机构认证的基金可以用人民币合法地投资中国香港及中国境外市场，比如说港股、美股等。

因为目前人民币还没有大规模地国际化，中国香港及中国境外市场的结算都是非人民币交易，所以具有一定抵御人民币汇率风险的作用。

以美元资产举例，美元现金、美元债券、美国股票等都是属于美元计价资产，如果人民币相对美元贬值，比如 2018 年至 2019 年上半年人民币对美元大幅贬值，我们就可以将人民币换为美元资产降低风险；反之，如果人民币相对美元升值，持有美元资产自然也会受到损失。这是另一种投资方式，我们在此不做详细阐述。

因为美元是通用的国际货币，港币在汇率上也是跟踪美元的，所以港币资产也能在一定程度上抵御汇率风险。

值得注意的是，QDII 基金会有兑换外汇额度的限制，原因是我国限制人民币外流，但通过这种基金可以很方便地配置非人民币资产，一般也不会像个人用人民币兑换外币那样受到太大的额度限制。

QDII 基金在内地还属于起步阶段，因为政策、市场等因素尚未大行其道，所以目前 QDII 指数基金的品种不多，主要用于投资中国香港、美国等股票市场上，但对于普通投资者来说也够用了。

1. 指数介绍

1964 年，由香港恒生指数公司开发的恒生指数从 100 点起步，它历史悠久、收益稳定，是一个老牌的优秀指数，也是所有港股指数基金中最著名的指数，代码是 HSI。

恒生指数纳入的样本股都是港股中的蓝筹大盘股，由所有在中国香港上市公司中规模最大、流动性最好的50家公司组成，这一点跟上证50指数相似，用来反映港股市场的整体表现水平，单只成分股的权重占比最高不超过15%。

换句话说，恒生指数就是由在港交所上市的市值规模最大、成交最活跃的50家公司股票构成，每个季度重新挑选一次。一般来说，内地在港交所上市的公司自身规模都很大，所以也会被选入恒生指数。

一个明显的变化是，恒生指数最近10多年来成分股中内地公司所占权重比例越来越高，其本地公司占比却呈下降趋势，这也可以看作是指数的一个优势——能够自动完成新陈代谢，持续地注入新鲜血液。

图3.6为2004—2019年恒生指数的历史走势图。

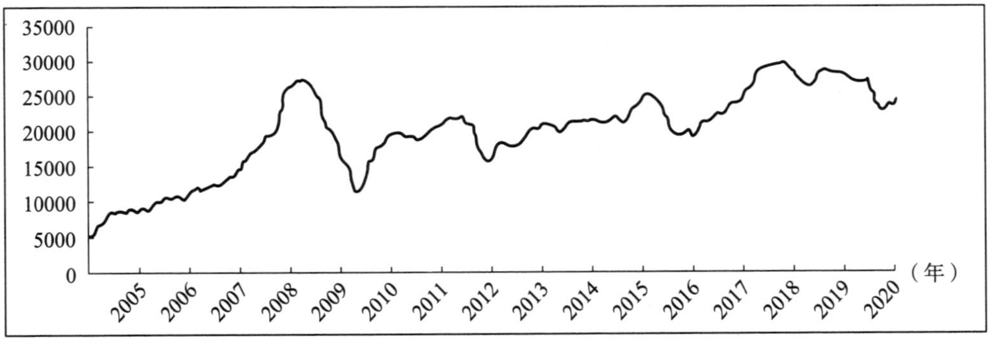

图3.6　恒生指数历史走势图

从图中可以看出，恒生指数在绝大多数时间里的走势几乎是快速上涨的，其实反映了港交所大盘蓝筹股的历史走势。

如果以1964年的100点起步进行计算，截至2020年2月21日收盘，恒生指数已经涨到27308.81点——在这56年时间里，恒生指数上涨了273倍，其收益率也非常惊人。

2. 指数特点

中国香港是一个成熟开放的国际金融中心，加之港交所成立、运营的时间比内地的证券交易所早得多，借鉴并引进了很多国际上关于金融市场体系等方面的先进经验和规范，所以更加成熟开放。

比如说，公司拟在港交所上市，其设置的各种条件、流程等相比内地简单得多，因此吸引了内地不少企业转战到香港去上市，尤其像阿里巴巴、小米集团近年来纷纷于港交所正式上市。

此外，正像前面提到的，香港股票市场跟内地的关系非常密切，因为内地很多知名的大公司都在港交所上市，在港股中的占比越来越高，像中国平安、招商银行、腾讯集团、融创中国、碧桂园等都是港交所的“座上宾”。但实际上，这些公司的主要业务仍然在内地，其投资价值跟内地经济“血脉相连”。

港股还有一个特点：它的投资者主要是境外投资者，而且机构投资者所占比例较高，不像内地 A 股市场上以散户为主，或许也正因为如此，香港股票市场受到境外市场的影响也较大，无法像 A 股市场一样“独善其身”，能够走出自己的独立行情。我们在投资港股或香港基金的时候，一定要认识到这个特点。

不过，随着沪股通和深股通的相继开通，内地资金正在大量涌入港交所抢占市场，夺回定价权是大概率事件，也许为时不会太晚。

总的来说，因为港股市场的监管机制和财报体系等跟 A 股存在差异，信息获取渠道单一，风险系数比较高，投资者务必谨慎为好。

3. 恒生指数对应的部分指数基金产品

恒生指数在中国香港也有相对应的指数基金，但会受到额度限制，程序也比较复杂，加上投资门槛也高得多，所以，如果我们要投资恒生指数基金，主要还是以 QDII 型恒生指数基金的“代购”为主，相关指数基金产品如表 3.15 所示。

表 3.15　部分 QDII 型恒生指数基金产品

基金简称	基金代码	管理费率（%）	基金规模（亿元）	基金成立日	场内/场外
华夏恒生 ETF(QDII)	159920	0.60	46.87	2012/8/9	场内
南方恒指 ETF	513600	0.50	1.08	2014/12/23	场内
华夏沪港通恒生 ETF(QDII)	513660	0.50	10.46	2014/12/23	场内
南方香港优选股票(QDII－LOF)	160125	1.60	4.24	2011/9/26	场内
汇添富恒生指数分级	164705	1.00	2.79	2014/3/6	场外

续表

基金简称	基金代码	管理费率（%）	基金规模（亿元）	基金成立日	场内/场外
大成恒生指数	160924	0.80	0.18	2017/8/10	场外
华夏沪港通恒生 ETF 联接（QDII）	000948	0.50	7.03	2015/1/13	场外
华夏恒生 ETF 联接（QDII）	000071	0.60	10.78	2012/8/21	场外
华夏恒生 ETF 联接现钞（QDII）	000076	0.60	10.78	2012/8/21	场外

资料来源：天天基金网，截至 2019 年 12 月 31 日

（二）H 股指数

1. 指数介绍

H 股指的是注册地在内地，但却在香港特区上市，用港币交易的股票，代码是 HSCEI。

“H”来源于香港的英文“Hong Kong”的第一个字母。从 1993 年开始，相继有很多内地公司到香港上市，据不完全统计，至今已有近 180 家内地企业在港交所上市交易。

因为最初以 H 股形式在中国香港上市的股票基本为内地国有企业，比如国有控股银行、建筑公司等，所以 H 股又被称为国企股，相应的指数叫国企指数，简称 H 股指数。恒生指数公司编制开发的 H 股指数（恒生中国企业指数）就是为了衡量这些公司股票的整体表现。

最早在香港上市的 H 股不多，H 股指数的成分股只有 10 只。H 股指数是于 1994 年 8 月 8 日即首家中国企业——青岛啤酒以 H 股形式在香港联交所上市的一年后推出的。2000 年，H 股指数根据实际需求进行了一次调整，增加了 30 只成分股，一直沿用至今。

经修改后，H 股指数的基准日为 2000 年 1 月 3 日，以港币为结算货币，调整周期为每个季度。与大多数内地指数设定以 1000 点为基点不同的是，H 股指数的基点为 2000 点。

目前，尽管 H 股指数有 40 只成分股，但随着内地在港上市的企业越来越多，已不能满足需求，所以恒生指数公司在前几年发起了调研，考虑是否需要进一步扩容的问题，截至 2020 年初，尚未最后定论。

需要注意的是，不同于内地沪深两市“T+1”的交易制度，H股随国际规则实行的是“T+0”交易制度，也就是说，投资者可以在买入股票的当天随时卖出。而且，H股没有涨跌幅度的限制，理论上讲，H股在一天之内就可以翻倍、腰斩或者有更大的波动，有点像坐过山车的感觉。相对于港股中的某些“老千股”“妖股”来说，H股的波动还是较为稳定的，毕竟参与的都是如工行、建行、中石油、腾讯、阿里、比亚迪、融创、碧桂园等主要行业的龙头公司。

投资者可能对H股指数存在两种误会，在此需解释一下：

一是国企指数就是投资国企的。此“国企”非彼“国企”，H股指数中确实有不少国企，但同时也有很多民营企业，它本身并不限制必须投资国企，所以这里说的“国企指数”仅仅是中国企业指数的简称。

二是H股指数就是恒生指数。H股指数的全称是恒生中国企业指数，虽然看起来跟恒生指数类似，两者也有很多重合的成分股，但仍是不同的：恒生指数挑选的是香港股市中规模最大的50家公司，而H股指数选取的则是规模最大的40家H股公司。

图3.7为2014—2019年H股指数的历史走势图。

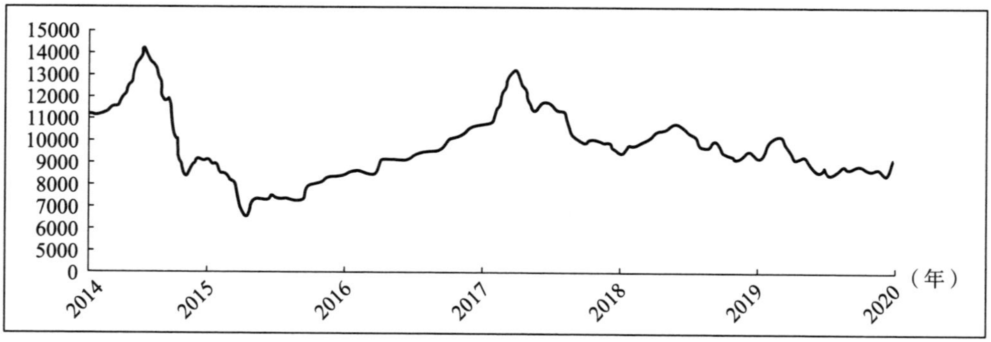

图3.7　H股指数历史走势图

H股指数从2000年的2000点起步，2000年至2007年，中国内地经济处于历史上高速发展阶段，H股指数也不断连创新高，这期间，H股指数最高上涨到20609点，加上股息分红、转送股等收益，7年时间上涨了12倍。

但物极必反，从 2007 年之后，H 股指数一路走低，直到 2015 点才触底，截至 2020 年 2 月 23 日，H 股指数为 10790.8 点。

2. 指数特点

(1) 以大盘蓝筹股为主。

根据恒生指数公司 2018 年初公布的数据显示，H 股指数总市值达到 6.47 万亿港元，占所有 H 股市值覆盖率的 81.31%。

同时，通过统计 H 股指数前 10 大成分股，如表 3.16 所示，其中 8 只来自金融行业，2 只来自能源行业，均是市值比较大的公司，所以 H 股指数也被视为港股中的大盘蓝筹股指数。另外，H 股指数的权重设置还加入了流通市值作为参考因素，充分考虑到了成分股的可投资性。

表 3.16　恒生中国企业指数前 10 大成分股

股票代码	公司名称	权重(%)	所属行业
939	建设银行	11.27	金融
3988	中国银行	10.58	金融
1398	工商银行	10.37	金融
2318	中国平安	9.79	金融
2628	中国人寿	5.57	金融
386	中国石油化工股份	4.88	能源
3968	招商银行	4.23	金融
1288	农业银行	3.76	金融
857	中国石油股份	3.70	能源
2601	中国太保	2.65	金融

数据来源：恒生指数公司，截至 2018 年 1 月 31 日

实际上，在整个 H 股指数中，金融股占据了绝大部分权重，比例高达 74%，这与上证 50 指数很类似。所以，H 股指数与上证 50 指数的重合度与关联度都非常高。

(2) 与内地经济密切相关。

我们都知道，H 股是在内地注册、在港交所上市的公司，主营业务几乎都在内地，内地经济的发展速度、繁荣程度都会对 H 股公司构成很大的影

响，形象的比喻就是内地经济“打一个喷嚏”，H 股涉及的很多公司都会“感冒”。

在某种意义上讲，H 股一直以来都充当着中国内地公司在世界上的“代言人”。

(3)与 A 股指数有“血缘关系”。

H 股指数的成分股是从港交所上市的规模最大的 40 家 H 股中挑选出来的，但这些 H 股公司不少也同时在 A 股上市，比如：中国石油、中国银行、潍柴动力、中兴通讯、福耀玻璃等，所以我们说 H 股指数与 A 股指数具有“血缘关系”。

但 A 股市场和港股市场是两个不同的市场，所以即使同一家公司，有时候在股价的表现上却相差很大，这也是大家经常所说的“AH 股溢价”，也就是指同一家公司在估值、涨跌等方面存在差异。换一个角度看，这种特征往往也能够给我们提供很多投资赚钱的机会。

(4)以境外投资者为主。

除了前往香港开户或者通过券商网上平台投资 H 股，内地投资者暂时还不能直接投资 H 股。不过，已经开通的“港股通”也为内地投资者投资 H 股开辟了新的途径，这种方式大体上不会受到太多限制。

但总体上讲，目前 H 股仍以境外投资者为主，这也是中国香港市场整体的一个特点。境外投资者对内地公司的熟悉程度不够，当欧美市场出现大幅波动的时候，也会对 H 股产生影响。

如果投资者将来试图投资 H 股和港股，有必要记住一个比较特殊的特点，虽然经常会因为世界范围内的意外事件导致其股价下跌，但实际上某些公司的主营业务在内地，因此其业绩不会受到什么影响，这也恰恰为我们提供了很多投资机会。

3. H 股对应的部分指数基金产品

跟恒生指数基金一样，H 股指数基金也是通过“代购”的形式进行投资。需要注意的是，H 股指数基金的场外品种经常与恒生指数混淆，比如把恒生国企指数基金简写成恒生指数基金，实际上两者具有非常大的差异，所以需要识别一下基金代码。相关指数基金产品如表 3. 17。

表 3.17　部分 H 股指数基金产品

基金简称	基金代码	管理费率（%）	基金规模（亿元）	基金成立日	场内/场外
易方达恒生国企 ETF(QDII)	510900	0.60	103.39	2012/8/9	场内
嘉实恒生中国企业(QDII-LOF)	160717	0.75	2.37	2010/9/30	场内
易方达恒生国企 ETF 联接 A (QDII)	110031	0.60	18.06	2012/8/21	场外
易方达恒生国企联接现汇 A (QDII)	110032	0.60	18.06	2012/8/21	场外
易方达恒生国企联接现钞 A (QDII)	110033	0.60	18.06	2012/8/21	场外
银华恒生国企指数分级	161831	1.00	15.07	2014/4/9	场外
银华恒生国企指数分级 B	150176	1.00	15.07	2014/4/9	场外
南方恒生中国企业 ETF	159954	0.50	1.47	2018/2/8	场内
南方恒生 H 股联接 C	005555	1.00	0.50	2018/2/12	场外

数据来源：天天基金网，截至 2019 年 12 月 31 日

（三）香港中小指数

1. 指数介绍

一定程度上，沪深 300 指数所代表的是 A 股市场中最核心、规模最大的 300 只大盘蓝筹股，而中证 500 指数则代表着紧随其后的 500 家最大的中型公司的股票。

如果把 A 股和港股市场做一个类比，那么恒生指数和 H 股指数的定位就类似于在沪深 300 指数样本空间里选取的都是大盘股，那么中证 500 指数所对应的就是港股市场中的中小指数。

香港中小指数的全称是标普香港上市中国中小盘精选指数，代码是 SPH-CMSHP，用来跟踪在香港上市的中小市值的中资公司股票的整体表现。

香港中小指数的成分股是从在港交所上市的中国公司（包括 H 股和红筹股）中选择流通市值排名为后 30% 的中小盘股票，但并不包括香港创业板股票。为了规避“仙股”，该指数选股还有 3 条硬性标准：市值不低于 1 亿美元；收盘价不低于 1 港元；日均成交额中位数不低于 2000 万港元。

根据标普 2018 年 9 月 28 日的数据来看，香港中小指数的市盈率为 11.53，市净率为 1.5，而同期中证 500 指数的市盈率为 19.79，市净率为 1.79。

从中长期趋势上说，香港中小指数的弹性要优于中证 500 指数，尤其是在港股走牛、A 股“一九行情”下，中证 500 指数往往都是横盘震荡，而港交所上市的中国中小盘表现较为突出。

2. 指数特点

香港中小指数主要投资的是 H 股和红筹股，也就是内地在港交所上市的公司，与 H 股一样，主营业务都在内地。

香港中小指数中所谓的“中小”其实很多股票的市值都不小，比如其平均市值规模大约是 300 亿元，这个市值已经达到了沪深 300 指数成分股的规模了，挪到 A 股即属于大盘股范畴，所以很多都是港股市场上的大盘股。

从这个角度来讲，该指数选择的是港股中的大中型市值股票。毕竟在香港市场上有 2000 多家上市公司，那么前 335 名至 868 名市值的公司肯定排得上大中型市值的股票了，这也是前述严格的筛选机制造成的。

香港中小指数的前 10 大成分股占比 22.7%，分别为石药集团、舜宇光学科技、中国生物制药、蒙牛乳业、中国燃气、融创中国、申洲国际、华润啤酒、恒安国际、安踏体育。

从行业分布上看，第一权重行业为主要消费行业（占比 14.7%），其次才是医疗、工业、非日常消费品行业。

3. 香港中小指数对应的部分指数基金产品

香港中小指数对应的指数基金目前主要是一只 LOF 基金（上市型开放式基金），场内场外都可以投资，代码是 501021。

四、美股常见的宽基指数

前面介绍了中国 A 股股市以及中国香港股市，还有一个非常重要的股票市场不容忽视，这就是美国股市。因为美国在全世界金融市场中的核心地位，决定了它对全球股市具有“风向标”的作用。

美国股市主要有两个最重要的指数：一是标普 500 指数，一是纳斯达克 100 指数。

（一）标普 500 指数

1. 指数介绍

标准普尔 500 指数简称标普 500，代码为 SPX，是一只历史悠久的蓝筹股指数，代表了美国传统经济行业，在定位上与国内的沪深 300 指数类似，也是“股神”巴菲特多次推荐的指数基金。

标普 500 指数是美国以及全世界股市最重要的股票指数之一，其成分股来自美国的两大交易市场：纽约证券交易所和纳斯达克，所以也被投资者视为美国经济的“晴雨表”。

标普 500 指数也是以大盘股为主，不同于沪深 300 指数的是，其不单纯按照上市公司的规模来挑选股票，还必须是一个行业排在前面的领导者，也就是龙头企业。这无疑带有人为的主观判断，也导致了标普 500 的估值表现与一般市值加权的指数有一定的差异。

标普 500 指数的成分股平均总市值为 481 亿美元，总体市值覆盖美国股市总市值的 80%，因此能够反映广泛的市场变化，被普遍认为是一个理想的估值期货合约的标的。

标普 500 指数以 1941 年至 1943 年为基期，基期指数定为 10 点，截至 2020 年 2 月 23 日，标普 500 指数已经涨到了 3337.75 点，在 79 年的时间里上涨了 334 倍，图 3.8 为标普 500 指数 2004—2019 年历史走势图。

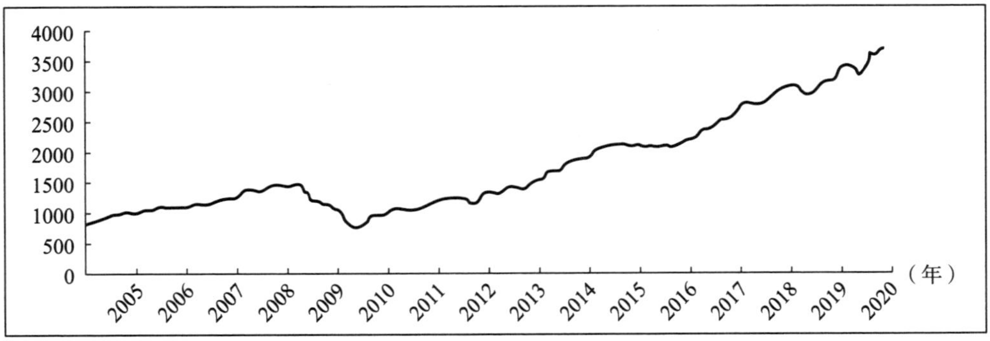

图 3.8　标普 500 指数历史走势图

实际上，如果加上标普 500 指数成分股每年的分红，以平均每年 2% ~ 2.5% 的股息收益率计算，标普 500 指数在过去近 80 年的时间里给投资者带来了约10% ~12%的年化收益率，这几乎也可以看作就是美国股市的长期平均收益率。

2. 指数特点

与美国股市的道琼斯工业指数（简称“道指”）相比，标普500指数具有采样面广、代表性强、精确度高、连续性好等特点，纳入样本的公司股票更多，因此分散了风险。

此外，相较于道指以股价加权的方式，标普500指数则是美国第一个采用市值加权的股指，能够反映成分股在股市中真实的重要性。

从标普500指数成分股数据来看，其包括了微软、苹果、强生、美孚等世界顶级公司，其中也有“股神”巴菲特和搭档查理·芒格执掌的伯克希尔·哈撒韦公司，前10大成分股占比为20.7%，主要集中在信息技术（26.1%）、金融（16.0%）、医疗（13.7%）等行业，跟我们传统观念理解的似乎并不一致，因为沪深300指数中金融行业占比高达33%以上，而信息技术占比只有不足10%。

相对来说，标普500指数成分股中，消费、科技、医疗等弱周期性行业占比很高，总体超过了50%，这使得标普500指数的周期性更小，走势更加平稳，更容易实现“慢牛”。而沪深300指数中因为纳入的金融、能源、工业制造业等周期性行业股票占比高，导致指数波动比较大，很容易暴涨暴跌，所以才有“牛短熊长”的说法。

作为美国经济的“晴雨表”，标普500指数是目前追踪资金最多的一只指数，至少超过了1万亿美元，遥遥领先于其他美股指数。

3. 标普500指数对应的指数基金产品

如上所述，追踪标普500指数的指数基金是目前世界上规模最大的指数基金，其中的一头“大象”是美国最大的一只标普500指数基金SPY，单只规模超过了2000亿美元。相较之下，国内最大规模的指数基金只有数百亿元人民币，两者差距比较大，但这跟国内的指数基金起步较晚有关，其对国内众多投资者来说是新鲜的投资品种，未来潜力巨大。

跟恒生指数、H股指数基金一样，标普500指数产品也是QDII基金的范畴，以“代购”的方式进行投资。此外，国内基金公司还有根据标普500指数开发的衍生聪明贝塔（SmartBeta）指数产品，比如大成标普500等权重指数，其相关的部分指数基金产品如表 3. 18 所示。

表 3. 18　部分标普 500 指数基金产品

基金简称	基金代码	管理费率(%)	基金规模(亿元)	基金成立日	场内/场外
易方达标普 500 指数人民币(QDII-LOF)	161125	0. 80	2. 31	2016/12/2	场内/场外
易方达标普 500 指数美元汇(QDII-LOF)	003718	0. 80	2. 31	2016/12/2	场内/场外
博时标普 500ETF 联接(QDII) A	050025	0. 60	9. 31	2012/6/14	场外
博时标普 500ETF(QDII)	513500	0. 60	14. 78	2013/12/5	场内
大成标普 500 等权重指数	096001	1. 00	2. 44	2011/3/23	场外
博时标普 500ETF 联接 C(QDII)	006075	0. 60	1. 49	2018/6/7	场外

资料来源：天天基金网，截至 2019 年 12 月 31 日

(二)纳斯达克 100 指数

1. 指数介绍

纳斯达克是经常提到的一个股票市场，我们把国内的创业板指数称为中国版的“纳斯达克”。大家所熟悉的苹果、微软等“大象”级企业都在纳斯达克 100 指数中，其投资的是纳斯达克规模最大的 100 家大型公司。

纳斯达克市场创设于 20 世纪 70 年代，是美国的第一个电子股票交易所，也是迄今为止第一个最成功的二板市场(创业板市场)，位居世界第二大证券交易所，仅次于纽约证券交易所。在纳斯达克挂牌上市的公司以高科技企业为主，比如英特尔、索尼、思科等，国内很多科技和互联网企业大多也都是在纳斯达克上市，比如阿里巴巴、百度、京东、新浪等。

纳斯达克 100 指数的代码是 NDX，简称纳斯达克 100，从 1985 年 100 点开始起步。截至 2020 年 2 月 23 日，纳斯达克 100 指数上涨到了 9576. 59 点，35 年时间里涨了 95. 7 倍，图 3. 9 为纳斯达克 100 指数 2004—2019 年历史走势图。

纳斯达克 100 指数曾经演绎过类似“疯狂的石头”的场景，我们可以通过“后视镜”回望，在 1995 年至 2002 年之间，纳斯达克 100 指数经历了一轮暴

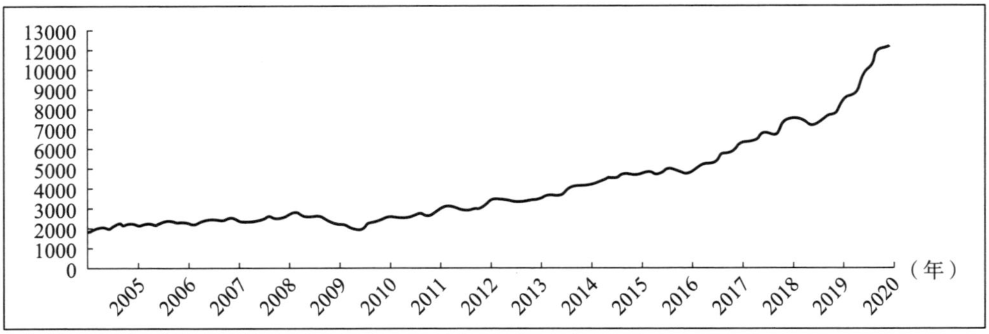

图 3.9　纳斯达克 100 指数历史走势图

涨暴跌的周期：从最初的 400 多点一路上飙至 2000 年 3 月 26 日的 4816 点，暴涨 10 多倍，随后纳斯达克 100 指数出现暴跌，一路断崖式下跌至 2002 年 10 月 8 日的 795 点，跌幅超过了 80%，这一跌幅在全世界所有指数中都是数一数二的。这一段疯狂的时间也就是历史上著名的“互联网泡沫”时期，但即便如此，纳斯达克 100 指数仍然实现了“价值回归”，不仅全部收回了“失地”，而且在 18 年之后的 2020 年突破此前高点，站上了 9576 点的新高位，10000 点也似乎伸手可及。

2. 指数特点

纳斯达克 100 指数选取的是美国纳斯达克市场中 100 只最大型的非金融类上市公司，其最突出的特点就是以科技股为主，包括各大硬/软件、通信、零售、生物技术公司，都具有巨大的成长性。

即使在今天，随便从其中拎几个成分股出来，那都是行业里响当当的“头牌”，比如社交网络新贵“脸书”(Facebook)、电子商务巨头亚马逊(Amazon)、电子游戏的暴雪(Blizzard)等等，这些公司都具备自己的核心竞争力和比较高的“护城河”，而且营业收入、现金流、净利润等都比较稳定。

不过，信息科技不仅是一个进化迅速的行业，更是一个“赢家通吃”的行业：老大占据了这个行业大多数的市场份额和利润，老二、老三等只能吃“残羹剩饭”，望其项背，如果建立不起自己的核心竞争力，壁垒随时会被从拐弯处“杀”出来的后来者攻破。正所谓：“长江后浪推前浪，前浪死在沙滩上”。

3. 纳斯达克 100 指数对应的指数基金产品

纳斯达克 100 指数在美国有很多的指数基金产品，但与 H 股指数基金类似，国内投资者投资境外市场上的指数基金比较困难，只能通过 QDII“代购”进行投资。

同时，聪明的国内基金公司还根据纳斯达克行业指数开发出了一些衍生产品，比如广发纳斯达克生物科技等，其相关的部分指数基金产品如表 3. 19 所示。

表 3. 19　部分纳斯达克 100 指数基金产品

基金简称	基金代码	管理费率（%）	基金规模（亿元）	基金成立时间	场内/场外
广发纳斯达克 100ETF（QDII）	159941	0. 80	0. 31	2015/6/10	场内
国泰纳斯达克 100（QDII-ETF）	513100	0. 60	8. 35	2013/4/25	场内
易方达纳斯达克 100 美元汇（QDII-LOF）	003722	0. 80	1. 49	2017/6/23	场内/场外
广发纳斯达克 100 指数美元现汇（QDII）A	000055	0. 80	21. 12	2015/1/16	场外
大成纳斯达克 100（QDII）	000834	0. 80	5. 36	2014/11/13	场外
华安纳斯达克 100 指数（QDII）	040046	0. 80	2. 88	2013/8/2	场外
华安纳斯达克 100 指数现钞（QDII）	040047	0. 80	2. 88	2013/8/2	场外
国泰纳斯达克 100 指数（QDII）	160213	0. 80	10. 58	2010/4/29	场外
广发纳斯达克 100 指数美元现汇（QDII）C	006480	0. 80	1. 33	2018/10/25	场外
易方达纳斯达克 100 人民币	161130	0. 80	1. 49	2017/6/23	场外

资料来源：天天基金网，截至 2019 年 12 月 31 日

第四章

优秀的行业指数基金有哪些

人类的幸福，大多不是来自罕见的红运，而是来自每天的一点点儿所得。

——本杰明·富兰克林

前一章我们分别对上证50指数、沪深300指数、中证500指数以及港股市场上的恒生指数、H股指数等进行了逐一介绍，它们都有一个共同的特点：在为样本空间挑选股票时，都是从市值规模、流动性角度进行分类，其成分股包括了各种不同的行业，覆盖面广泛，兼容性比较强，这样的指数统称为宽基指数。

那什么叫行业指数基金呢？它跟宽基指数基金又存在哪些方面的差异？

一、什么是行业指数基金

前面说过，股市好比一个菜市场，股票就是菜市场里被吆喝叫卖的各种蔬菜瓜果，按照约定的规则挑选出一些瓜果蔬菜放在一个篮子里做成一个礼盒，这个礼盒就是指数基金。在这个缤纷多彩的礼盒里，汇聚了各种各样类型的丰富产品，其中有一类相对比较小众的指数基金，专门投资某个行业的股票，是以跟踪某一行业指数为标的，实施被动式投资的基金产品，这就是行业指数基金。

以中证医药100指数为例，它从沪深A股中选取出医药卫生和药品零售行业中市值较大的100只股票组成样本股，以反映医药及相关行业公司股票的整体走势，要求只能是投资医药及其相关行业的公司。

相对宽基指数来说，行业指数基金的投资难度更大一些，风险更高一些。宽基指数的投资收益来自所有行业的平均值，而行业指数基金的投资则要复杂得多，不仅要考虑投资价值，还要考虑不同行业自身的特点和当前所处的发展阶段。

每个行业都有自己的商业模式和成长逻辑，不能一概而论，必须针对行业的具体特征进行分析与推演，这需要投资者具备一定的专业知识和思维判断能力。

改革开放40多年以来，我们国家迎来了经济飞速发展的阶段，如果长期投资宽基指数基金，总体上就可以取得不错的收益，享受经济增长带来的红利，比如互联网、生物科技、信息技术等行业发生了翻天覆地的变化。

但有的行业却随着时代的演进不仅未能发展壮大，反而呈现出了剧烈萎缩甚至逐渐消失的态势，比如BP机、缝纫机以及某些传统产业，正在被新兴行业所替代，如果我们选择投资了这些行业，就会使投资受损。所以在某种意义上讲，投资行业指数基金首先要学会研判大趋势，跟随潮流谋定而后动。

之所以选择投资行业指数基金，一方面是资金配置需求决定的——可以丰富投资品种的同时分散风险，不把鸡蛋放在一个篮子里；另一方面则是有些时候宽基指数基金没有太好的介入机会，但某些行业却可能拾级而上，获得超过宽基指数基金平均值的超额收益，比如新能源、信息技术等新兴行业。

以我个人的实践经验来说，对刚开始接触指数基金的投资新手，建议从宽基指数基金入手，比如沪深300指数、中证500指数等，逐渐积累经验，然后再投资行业指数基金。

二、都有哪些行业

根据股票行业分类所制定的行业指数，其成分股往往都同属于一个细分行业，特征十分鲜明。我们先来了解一下行业是如何分类的。

目前，国际通行的行业分类标准是摩根士丹利和标准普尔公司在2000年联合发布的GICS(全球行业分类标准)，虽然还有很多其他的分类方法，但大体上都是以GICS作为参照标准而制定的。

我国的行业指数基本上也是遵循这个标准来进行分类的。具体来说，就是将行业分为10个一级行业，24个二级行业和67个子行业，并建立了对应的行业指数，几乎可以说“武装到牙齿”了。

目前最主要的10个一级行业分别是：

①工业：资本品，航空航天、运输、建筑产品等。

②能源：能源设备与服务、石油天然气等。

③原材料：金属、采矿、化学制品等。

④金融地产：银行、保险、券商、房地产等。

⑤医药卫生：医疗保健、制药、生物科技和生命科学等。

⑥主要消费：食品、饮料、烟草，家庭与个人用品等。

⑦可选消费：汽车及零部件、耐用消费品与服装，媒体、零售等。

⑧信息技术：软件与服务，技术硬件与设备，半导体产品与设备等。

⑨电信业务：国定线路、无线通信、电信业务，通信设备等。

⑩公用事业：水、电力、天然气等。

这10个一级行业，每一个都是现代社会不可或缺的重要组成部分，几乎覆盖了我们生活的各个方面。

实际上，不同的行业也都有着自身鲜明的特征，我们根据这些特征还可以对行业做进一步细分，比如按照某个特定主题可划分为环保行业、养老行业、军工行业、传媒行业等，这些主题往往覆盖了对应的上下游上市公司，只是另一种行业分类的方式，但投资者可以将这些主题划分作为行业划分的补充。

此外，我们还可以根据行业是否具有周期性将其划分为周期行业和非周期行业，比如偏周期性的工业、能源、原材料、金融地产等行业的表现反映在对应的行业指数上即为上下波动的周期性变化。

而偏非周期性的公用事业、主要消费、医疗卫生等行业不仅具有可持续发展的上升空间，而且这一类行业指数往往呈现出稳定向上的状态，是长期投资的首选行业。

10个一级行业分类以及按照某个特定主题划分的主题行业，就是行业指数基金的主要两种分类方式。

三、哪些行业值得投资

选择一个好的行业发展对人生至关重要，类似地，对行业指数基金的投资也要做对选择。

不得不承认，不同行业的赚钱能力是存在很大差别的，有些不可或缺的行业原本就更容易赚钱，比如必需消费品、医疗卫生等，如果缺少了它们，我们的生活就会陷入窘境。

以中证800一级行业指数为例，这800家公司就是“沪深300＋中证500”，也就是所有中国A股上市公司规模最大的800家企业，这10个中证800一级行业指数都是从2004年12月的1000点开始起步的。到2017年5月底收盘，不同的行业指数呈现出了非常大的差异，比如中证医药卫生行业指数上涨到了9387点，中证消费指数上涨到9041点，但中证能源指数却只涨到了2000点左右，中间的平均差值达到了4.5倍！

也就是说，如果我们在2004年底对上述三种行业指数分别投资了10000元，那么到了2017年5月底，中证医药指数的投资变成了93870元，上涨了9.4倍；中证消费指数的投资变成了90410元，上涨了9倍；而中证能源指数的投资只有约 20000 元，上涨了 2 倍。

总体来看，这三个指数都在上涨，之所以造成这么大的差距，根本原因就在于不同行业的赚钱能力相差是非常大的，比如消费股和医疗股都是生产大牛股的“基地”，无论在 A 股、港股还是美股市场，长期来看都更容易赚钱。

这就像在一个班级里有的同学成绩好，有的同学成绩差，最终这个班级的成绩只能是平均水平，但如果把那些成绩优秀的尖子生单独挑选出来，他们的平均成绩肯定是远远超过整个班级的平均水准的。接下来的问题是，我们怎么知道一个班级里谁是尖子生，谁是差生呢？即究竟什么样的行业好，什么样的行业差呢？

判断一个行业的好坏需要具备大量商业和行业的相关认知，对普通投资者来说，拥有这些认知并非易事，但好在通过学习、积累、实践等途径也是能够逐渐摸索和掌握一些规律的。请记住：

投资的本质是前瞻，商业的本质是竞争，市场的本质是供需。

所以，在判断一个行业好坏的时候，我认为从“需求”和“供应”这两个主要角度切入，再进一步深入剖析就可以把看似云遮雾罩的本质问题理解清楚了，也就为我们下一步的判断提供了逻辑基础。

那什么样的行业才算得上是好行业呢？可以从以下几个方面分析：

1. 市场需求

需求是所有商业存在的前提。

了解一个行业的未来，不首先从“需求”层面入手去搞清楚其未来市场将面临什么状况，是很难建立起完整的认知体系的。

简单地说，需求就是在市场中能有多大的“蛋糕”。这首先取决于客户有多少需求，其次是该行业的产品能否满足他们的需求，这又取决于两个因素：

(1) 增速快。

如果需求增速快，就意味着行业规模增长快，上升空间大，也就是常说的“赛道”好；当行业规模变得越来越大，行业内的企业收入增加，利润也会相应增多，就像一个快速变大的“蛋糕”，大家都可以抢到更多的市场份额，但如果这个“蛋糕”变得越来越小，那么只能去抢夺其他人的市场，导致竞争异常惨烈，大家的日子就都不好过。

需求增速主要是由国家所处的经济发展阶段决定的。过去30多年，我国经济高速发展但人均增长不足，增长最快的是金融、地产、原材料、消费品等行业。但随着经济增速放缓，转型升级等因素，未来可选消费、医疗卫生等行业的增速将会逐步提高。

(2)波动小。

如果需求能够持续稳定，行业就能持续地赚钱；如果需求不稳定，就会“饥一顿、饱一顿”。

其实，这也就是行业属性问题。弱周期性行业，需求受经济周期影响小，行业内公司的收入和利润都比较稳定，股价也会很稳定，适合长期投资；如果是强周期性行业，则波动起伏较大，往往也意味着风险较高。

周期性主要由行业自身的特性决定，比如金融地产、原材料、汽车等行业需求受经济周期的影响非常大，而像医疗卫生、公用事业、必需消费等行业，哪怕处于经济下行期，需求波动也比较小。

2. 市场供给

如果说需求就是蛋糕多大，供给则决定了蛋糕被分享的方式。

当发现“蛋糕”可能越来越大，分享者却可能长期减少的行业时，很可能就挖到了一个投资的富矿。这往往发生在一些成熟期的行业，因为多年的惨烈竞争已经“灭”掉了大多数的市场参与者，逐渐呈现出寡头垄断的格局，比如一些食品或者医药领域等。

(1)竞争小。

竞争小的行业就像“蓝海”，肯定比竞争激烈的行业更容易赚钱，所谓“人少汤黏”。

竞争激烈程度主要由行业特性和竞争格局所决定，比如消费行业很容易形成差异化的产品，细分市场，而像钢铁、原材料这类行业产品同质化严重，不仅竞争激烈、无序化，而且一旦打起价格战来大家都很难赚钱。

僧多粥少固然不好，但很多时候我们也要注意一个行业是否粥多僧也多。

(2)投入少。

判断一个行业是否赚钱，不但要看它的收入有多少，还要看它取得这些收入需要多大的资本支出，这跟需求增速是对应的。赚同样的利润需要多少投入，也是由行业自身特性所决定的。

有的企业需要经常不断地持续投入，把好不容易赚到的利润投入再生产，如果不再持续投入，企业就难以继续运营下去，这主要集中在一些重工业、设备制造行业，比如航空制造业、钢铁水泥等原材料行业，即使前期赚到大钱，后期也会还回去。

这种行业就是“只赚吆喝不赚钱”，而只有具有充足现金流的公司才能够回馈股东，这也是巴菲特最喜欢的公司类型：轻资产、高 ROE、自由现金流好、乐于回馈股东。

所以买行业指数基金以及所有投资的基本原则就是：用合理的价格买好行业，用便宜的价格买一般的行业。

四、优秀行业指数

归纳来讲，天生就更容易赚钱并值得投资的行业主要集中在消费和医疗行业等，例如医药行业、必需消费行业和可选消费行业。

（一）医药行业指数

1. 行业介绍

生老病死是每一个人必须面临的，人吃五谷杂粮，难免要生病，生病了就一定需要治疗，这是人类的基本健康需求，不会因为经济不景气、自然灾害等因素而减少，尤其是进入中老年阶段之后，对医药医疗的需求会大幅度提升。所以，医药行业的性质也决定了它比其他行业更容易赚钱。

相对消费行业而言，医药行业具有很高的专业性，比如一款新药从研发、临床试验到审批通过、生产、上市销售，不仅时间跨度长、投入费用高、风险系数大，而且整个审批流程复杂。

医药行业是公认的国际化产业，也是各国重点扶持和发展的行业，尤其是近年来制药、生物科技等细分行业的规模保持了稳定增长，以中国为首的新兴市场增速很快，从 2013 年至 2017 年保持了 15% 以上的增长，凸显出医药消费市场需求旺盛。

与医药行业关联的是医疗主题，二者同为医药卫生大板块，但侧重点不同。医药的细分行业主要集中在原研药、化学药、中药及生物制药方面，比如恒瑞医药、丽珠集团、云南白药和智飞生物等；而医疗主题的细分行业主要集中在医疗器械、医疗服务等方面，比如鱼跃医疗、万东医疗和大参林药房公司等。

在研究医药卫生板块时，投资者可以将二者结合起来看。

除了具有长期持续向上的“牛股”特征外，医药行业指数还是经济危机中非常重要的避险板块，因为跟人类的生死攸关，即使宏观经济处于下行通道，医药行业指数仍然可能涨势不错。

我们来看一组日本股市的数据：从1992年至2012年，日本经济跌入“失落的20年”，日经指数下跌25.5%，而医药行业指数则上涨了92%，其中14年跑赢了日经指数。

回过头来看中国，医药行业的综合表现就更是可圈可点了：若从2004年开始投资国内的医药行业，能获得高达9倍以上的收益。而且随着国内人口老龄化的来临，医药行业在未来很长一段时间里都处于上升期，远没有到达“天花板”。

但是相比于必需品消费行业，医药行业存在一个政策风险。政策的变化会直接影响医药行业的整体业绩。从2018年12月开始，国家医保局推出了“集采制度”，也就是对通过质量和疗效一致性评价的仿制药和过专利期的原研药一并进行集中式的招标采购。医药集采政策是一个降价“大杀器”，会降低医药行业的总体量，大幅降低医药企业的盈利。随着集采政策的加速落地，医药行业正在面临前所未有的大变局，作为受冲击最大的仿制药将被重塑商业模式，躺着赚钱的日子将一去不复返。

不过，优秀行业本身的特性是无法被干扰的，即使有“集采”等制度的政策风险，医药行业仍然是数一数二的优质行业，收益在所有行业中位列前茅。

2. 医药行业指数基金有哪些

无论是A股、港股还是美股市场，其收益表现都说明投资医药行业是一个不错的选择。

也许正因为如此，跟踪医药行业指数的指数基金非常多，各种品种花样百出，但我们平常所接触到的基金主要跟踪以下几种：

①中证全指医药指数：从整个A股中挑选医药企业构成指数样本股，其覆盖的医药公司是最全的，能反映沪深两市医药卫生行业内公司股票的整体表现。

②中证医疗指数：从整个A股中挑选医疗器械、医疗服务等代表性公司，

采用自由流通调整市值加权，并根据成分股数量设置不同的权重上限。

③沪深300医药指数：由沪深300指数样本股中的医药卫生行业公司组成。

④中证500医药指数：由中证500指数样本股中的医药行业公司组成。

⑤中证医药指数：又称中证800医药指数，由中证800指数中挑选的医药行业股票组成。

⑥上证医药指数：只投资上交所的医药行业公司。

⑦中证全指医疗指数：由整个A股中挑选医疗保健设备与服务行业股票组成。

⑧细分医药指数：挑选的是医药行业细分领域的主要公司。

有很多基金公司都围绕医药行业开发了多种基金产品，但由于中证全指医药指数和中证全指医疗指数相较其他指数样本股覆盖面更广，更能反映沪深两市医药卫生和医疗主题的整体表现，两只指数的基本信息如表4.1所示。

表4.1　全指医药指数和中证医疗指数基本信息

指数代码	指数名称	成分股数量（只）	平均个股总市值(亿元)	平均个股自由流通市值(亿元)
000991	全指医药指数	218	162	71
399989	中证医疗指数	46	113	50

资料来源：WIND，截至2018年1月31日

相关医药行业的指数基金产品如表4.2所示。

表4.2　部分医药行业指数基金产品

基金名称	基金代码	管理费率（%）	基金规模（亿元）	成立时间	场内/场外
广发中证全指医药卫生ETF	159938	0.50	24.13	2014/12/1	场内
华夏医药ETF	510660	0.50	1.02	2013/3/28	场内
汇添富中证医药卫生ETF	159929	0.50	3.48	2013/8/23	场内
嘉实中证医药卫生ETF	512610	0.50	0.14	2014/6/13	场内
易方达沪深300医药ETF	512010	0.50	13.44	2013/9/23	场内

续表

基金名称	基金代码	管理费率（%）	基金规模（亿元）	成立时间	场内/场外
南方中证500医药卫生ETF	512300	0.50	0.34	2014/10/30	场内
华安中证细分医药ETF	512120	0.50	0.89	2013/12/4	场内
国联安中证医药100指数	000059	0.80	19.09	2013/8/21	场外
广发医药卫生联接A	001180	0.50	14.31	2015/5/6	场外
华安中证细分医药ETF联接C	000376	0.50	0.33	2014/11/28	场外
信诚中证800医药指数分级	165519	1.00	1.72	2013/8/16	场外

资料来源：天天基金，截至2019年12月31日

(二)消费行业指数

1. 行业介绍

如果说医药行业是管人的“死”，那消费行业就是管人的“生”了。

2019年8月，贵州茅台股价横冲直撞终于突破1000元/股，总市值高达1.2万亿元，大家戏称“喝酒吃药”行情来了。贵州茅台就属于消费行业，也是消费行业指数最重要的权重股之一。

实际上，我们跟消费行业“天天见”，如影随形，从早餐的牛奶面包、包子油条到出门乘坐的交通工具，从日常穿着的服装到聚餐时喝的酒水饮料……这些覆盖我们日常生活方方面面的生活要素大多来自消费行业板块，所以投资市场上有一种说法：消费是躺着就能把钱给挣了的行业。

国内通常将消费行业板块划分为主要消费和可选消费两个细分市场。

(1)主要消费行业

主要消费行业也被称为必需消费行业、日常消费行业。所谓“必需”，也就是主要维持我们正常生活所需要的各种消费品，比如柴米油盐、衣食住行等。

吃饭喝水这些都是人体必需的，你可以一个月不上网不玩手机，可是却无法一个月不吃饭不喝水，要是没有这些东西，我们就无法生存下去。

正因为如此，主要消费行业也是需求最稳定的行业，不管经济状况如何，这些日常消费品都是我们不可或缺的。所以，主要消费行业往往备受投资者

青睐，很多机构和个人投资者在做股票资产配置时，甚至都会重仓一些消费行业的龙头公司。

“股神”巴菲特数十年如一日地重仓持有可口可乐、喜诗糖果、亨氏食品等这些必需消费品，这些龙头公司的营收和利润十分稳定，而且往往不需要太大的资本支出，现金流非常充裕，每年的股息收益也是极具吸引力的。目前，主要消费行业的指数主要有以下几种：

①中证消费指数：从中证800指数即沪深300 + 中证500中选取的主要消费行业股票。

②全指消费指数：从所有A股中挑选出的主要消费行业公司，它覆盖的主要消费公司是最全的，能全面反映沪深两市主要消费行业内公司股票的整体表现。

③上证消费指数：从上海证券交易所挑选的主要消费行业公司。

④上证消费80指数：从上海证券交易所挑选规模最大、流动性最好的80家主要消费行业公司。

(2)可选消费行业

主要消费品的共同特点是单价比较低，但消费频率高，是刚性需求，而可选消费品仅从名字上就知道是可供选择的消费品。

简单说吧，可选消费就是我们有钱的时候的特殊消费，这种消费可以提高我们的生活品质，但并不是刚性需求，没有钱的时候，就会把这种需求欲望降低，降级选用更便宜的东西，或者推迟到以后再去购买，像奢侈品、汽车、大家电等都属于可选消费。

总体上来讲，可选消费行业因为需求比主要消费行业弱，可买也可以不买，不属于刚性需求，所以很多时候都表现出更强的周期性，导致业绩出现周期性的波动跌宕。其次，可选消费还有升级换代快的特点，比如手机、汽车等，如果跟不上消费升级换代，企业就会遭遇“瓶颈”甚至衰落。

目前，跟踪可选消费行业的指数基金比较少，主要跟踪的是以下三种指数。

①上证可选消费指数：从上交所挑选的可选消费行业股票。

②沪深300可选消费指数：从沪深300指数成分股挑选的可选消费行业股票。

③中证全指可选消费指数：从全部A股中挑选出可选消费行业

内流动性和市场代表性较好的股票，能全面反映沪深两市可选消费行业公司股票的整体表现。

2. 消费行业指数基金有哪些

跟踪消费行业指数的对应指数基金如表 4.3 所示。

表 4.3　部分消费行业指数基金产品

基金名称	基金代码	管理费率（%）	基金规模（亿元）	成立时间	场内/场外
华夏消费 ETF	510630	0.50	2.25	2013/3/28	场内
嘉实中证主要消费 ETF	512600	0.50	0.18	2014/6/13	场内
招商上证消费 80ETF	510150	0.50	1.65	2010/12/8	场内
汇添富中证主要消费 ETF	159928	0.50	35.32	2013/8/23	场内
广发中证全指可选消费 ETF	159936	0.50	3.15	2014/6/3	场内
广发中证全指可选消费 ETF 联接 A	001133	0.50	2.88	2015/4/15	场外
上投摩根中证消费服务指数	370023	0.75	0.32	2012/9/25	场外
招商上证消费 80ETF 联接 A	217017	0.50	1.16	2010/12/8	场外
汇添富中证主要消费 ETF 联接	000248	0.50	29.6	2015/3/24	场外
富国中证消费 50ETF	515650	0.50	6.72	2019/10/14	场内

资料来源：天天基金，截至 2019 年 12 月 31 日

（三）银行业指数

在投资中，有一类行业很容被忽视，那就是明显有强周期性的行业。

周期性行业指的是行业在某些方面会呈现出周期性的波动，不能像消费、医药行业一样比较稳定地赚钱，盈利会呈现波浪式的周期性变化。

在行业景气的时候，其盈利会如直升飞机式的暴涨，或者在股市“熊牛交替”的阶段，周期性行业股票会率先领涨；而有的时候，行业的盈利会比较差，甚至出现断崖式下跌。

从理论上讲，如果我们能够在周期的底部，也就是价格便宜的时候买入，持有一段时间，然后在周期的顶部，也就是价格比较高的时候卖出，就能获得非常不错的收益。投资周期性股票，一定要在“炮火”声中买进，在“烟花”

声中卖出。例如，消费者信心低迷时通常是买入可选消费品股票的好时机。

必须指出的是，周期性行业里许多是低盈利、高波动、没有定价权的“烂行业”，周期性利润复苏往往是股价上涨的短期驱动力。一般来说，这种行业只能做波段，买对还得卖对，得在经济有强复苏、股市有大行情的背景下进行，不适合做长期投资。

1. 行业介绍

目前国内上市的金融公司，主要以银行、保险、证券为主，俗称“金三胖”。

银行是最重要的一个金融子行业，也是百业之母，某种意义上说，几乎垄断性地“躺着赚钱”，但它的周期属性也比较强。

国内的银行绝大多数是国有控股，也就是具有国家信用背书兜底的。银行的商业模式非常复杂，如果不具备一定的专业知识，估计连其财务报表都搞不懂，所以选择好银行板块个股的难度极大，而选择银行业指数基金则相对容易得多。

在我们的理解中，银行都是以低利率从储户那里把钱借入，然后以较高利率贷出给企业，从中赚取利息差。比如，向储户支付 3.5% 的存款利率，贷款给企业却收取 7% 的利率，这一进一出就有 3.5% 的利率差额；支付的 3.5% 是利息费用，贷款的利息就是利息收入。

这只是银行盈利的渠道之一，它还可以收取中间收入或者渠道费用，例如手续费、管理费等。与利息无关，所以是“非息收入”。另外，即使同行业之间彼此借款(同业拆借)，那也是要支付隔夜利息的。

下列公式可以简单概括银行的赚钱路径：

$$\begin{aligned}\text{银行收益} &= \text{利息收入} + \text{非息收入} - \text{利息费用} - \text{风险准备金}\\ &= \text{利差收入} + \text{非息收入} - \text{风险准备金}\end{aligned}$$

银行的周期性主要是受宏观经济的影响比较大；当整个经济处于下行周期时，贷款客户的还款质量下降，有可能还不上钱，银行就得从自己的收益中拿出一部分来弥补亏空，提高风险准备金，简单说就是降低了利润。

与此同时，国家为了稳定或提高经济发展，就会推出各种政策措施，比如降准、降息等方式来刺激经济，这也会使得银行利差收益减少，风险准备金增加，盈利就会变差。但当经济好转或过热时，国家也会通过提高贷款利率等方式实施管控，客户还款质量变好了，银行盈利就会变好。所以，因为经济周期一直在波浪式起伏波动，银行业也就会周期往复。

无论是任何行业，企业要发展壮大(比如扩大业务增加厂房、设备等)，都需要大量的资金支持，而银行所提供的贷款是其主要的资金来源；对个人也是如此，银行的房贷是个人解决住房贷款资金需求的最主要途径。社会对资金的需求是永远无法得到满足的，因此理论上讲，银行是一个没有“天花板”的行业。

说点题外话。随着互联网金融的快速崛起，很多人认为将来传统银行将被网络银行所替代，在我看来，这其实是一个伪命题。

一方面，因为金融涉及国家安全和社会稳定，银行在享受国家信用背书的同时，会永远处于国家的监管之下，即使放开了牌照，银行的营业也是要受到银监会的严格监管。举个例子，银行是有资本充足率要求的，上市股份制银行的净资本动辄两三千亿元，这是过去 20 来年的行业利润留存和资本市场多次融资后形成的积累，仅这一项就不是新设立的互联网银行一朝一夕能够赶上和颠覆的。

另一方面，互联网的本质是“人生人”，优势是能以极低成本服务于无数客户，规模效应体现在“人多”，是典型的散户经济；而银行业的本质是“钱生钱”，规模效应体现在“钱多”，80% 的业务来自 20% 的客户，而这 20% 的大客户是需要线下各种高端服务的，比如招商银行在这些方面就遥遥领先于其他同行。

2. 银行业指数基金有哪些

投资银行业指数最直接的方式就是选择投资银行业的指数基金。

但在目前，关于银行业的指数其实并不多，最主要的是中证银行指数，国内绝大多数银行业指数基金，基本上跟踪的都是中证银行指数。与其他众多指数一样，中证银行指数也是从 2004 年以 1000 点开始起步的。

除此之外，投资银行业指数还可以采取“间接法”，也就是投资诸如上证 50 指数、H 股指数以及 50AH 优选指数、基本面 50 指数等相对应的指数基金。后两种指数属于策略加权指数，下一章节会专门进行介绍。因为国内的银行股规模都比较大，所以在这 4 个以投资大盘股为主的指数中，挑选出了众多银行成分股，所占权重比例也较高。投资了这 4 个指数，也就相当于在很大比例上投资了银行股。

一般来说，为了避免重复投资，如果选择了上述4个指数的基金，就用不着再投资专门的银行业指数基金了。

值得一提的是，目前银行业指数基金产品基本上都属于场外交易类型。跟踪银行业相关的对应指数基金如表4.4所示。

表4.4 部分银行业指数基金产品

基金名称	基金代码	管理费率（%）	基金规模（亿元）	成立时间	场内/场外
鹏华银行分级	160631	1.00	41.78	2015/4/17	场外
华安中证银行指数分级	160418	1.00	8.79	2015/6/9	场外
中融中证银行指数分级	168205	1.00	1.69	2015/6/5	场外
富国中证银行指数分级	161029	1.00	4.42	2015/4/30	场外
易方达银行分级	161121	1.00	2.61	2015/6/3	场外
博时中证银行指数分级	160517	1.00	1.42	2015/6/9	场外
招商中证银行指数分级	161723	1.00	5.24	2015/5/20	场外
天弘中证银行指数A	001594	0.50	8.49	2015/7/8	场外
天弘中证银行指数C	001595	0.50	13.36	2015/7/8	场外
华宝中证银行ETF	512800	0.50	29.26	2017/7/18	场内

资料来源：天天基金网，截至2019年12月31日

延伸阅读

什么是分级基金

分级基金也叫作“结构型基金”，是最近几年兴起的一类比较特殊的基金品种。

它是指在一个投资组合下，通过对基金收益或净资产的分解，形成两级（或多级）风险收益表现有一定差异化基金份额的基金品种。它的主要特点是将基金产品分为两类或多类份额，并分别给予不同的收益分配。分级基金各个子基金的净值与占比的乘积之和等于母基金的净值。例如拆分成两类份额的母基金净值＝A类子基金净值×A份额占比（A%）＋B类子基金净值×B份额占比（B%）。如果母基金不进行拆分，其本身是一个普通的基金。

分级基金可以通过场内场外两种方式认购或申购、赎回。场内认购、申购、赎回通过深交所内具有基金代销业务资格的证券公司进行。场外认购、申购、赎回可以通过基金管理人直销机构、代销机构办理基金销售业务的营业场所办理或按基金管理人直销机构、代销机构提供的其他方式办理。分级基金的两类份额上市后，投资者可通过证券公司进行交易。

投资分级基金时，需要注意以下两点：

1. 分级基金并不保本保收益

许多投资者都认为，分级基金的优先份额和银行的储蓄一样，不但可以保证本金安全，而且能够保证一定收益，实际上，目前国内市场上出现的分级基金优先份额不是保本保收益的产品。

对于优先份额持有人来说，分级基金以进取份额的资产为优先份额基准收益的实现及本金安全提供了保护，但是由于市场面临诸多风险，因此基准收益的分配以及本金安全的保护具有不确定性，当进取份额资产净值大幅下跌时，优先份额的投资者仍可能面临投资受损的风险。

2. 分级基金的杠杆机制

投资分级基金，投资者听到最多的词就是杠杆。那么，什么是杠杆呢？以某分级基金产品X为例，当其母基金X净值下跌时，B份额(进取)净值下跌的幅度高于母基金X净值的下跌幅度；当其母基金X净值上升时，B份额(进取)净值上升的幅度也要高于母基金X净值的上升幅度；由于分级基金这种机制的存在，进取份额的变动幅度将大于母基金和优先份额的净值变动幅度，我们将进取份额的这种特征称为分级基金的杠杆机制。由于进取份额面临着更大的净值波动风险，因而只适合风险承受能力较高的投资者参与。

(四)证券行业指数

1. 行业介绍

凡是有过投资理财行为，尤其是有“炒股”经历的人，基本上都对证券行业略知一二。

所谓证券行业，也就是券商业，几乎是最为典型的一个强周期性行业，被称为“周期之王”。

证券行业的商业模式不难理解，有点像我们平常所接触到的房产中介，是介于买卖双方之间的一个平台，都是市场的“揩油者”，被戏称为“雁过拔毛”。

证券公司的主要收入来源是投资者的交易费用，牛市的时候，无论是新开户还是成交量，跟平时相比都会有大幅度的提升，反之亦然，所以证券行业的业绩与牛熊市的关联度极高。

比如截至2020年2月20日，A股总市值为68.64万亿元，较春节前最后一个交易日(即2020年1月23日)增加了3.15万亿元。而2020年1月底，A股投资者数量约为1.6亿人。

证券行业的周期性取决于市场行情，“三年不开张，开张吃三年”是常事。每次牛市来临，券商股都会自然地受到投资者的高度瞩目，因为无论是新开户客户还是成交金额都会迅速增长，所以在牛市上半段，券商可以获得非常高的业绩提升和估值提升，有点像股市的“戴维斯双击”。

图4.1为2008—2019年证券行业的走势图。

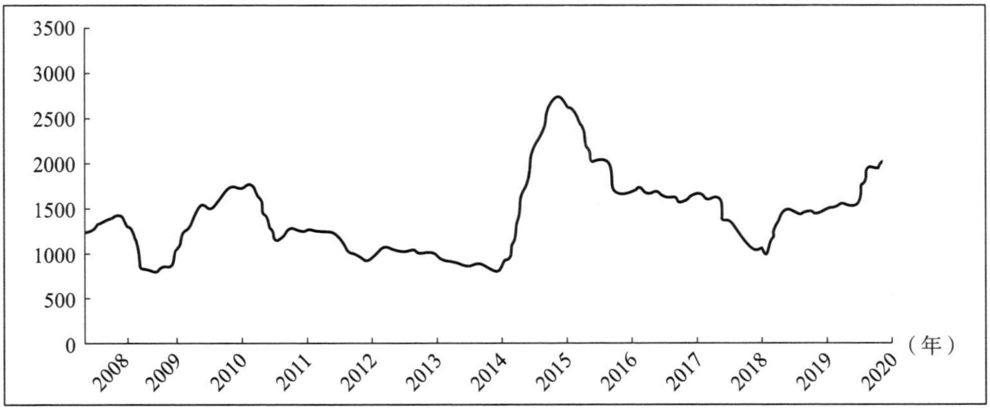

图4.1　证券行业指数历史走势图

在中国A股市场的历史中，2015年的记忆注定是难以抹去的。2015年，A股出现了巨幅的暴涨暴跌走势。2014年11月至2015年6月，上证指数从2400点快速上涨到5178点，涨幅高达115%；中小板从5500点上涨到12084点，涨幅119%；创业板指数从1500点上涨到4037点，涨幅为169%，在此期间，不少股票上涨超过了5倍！截至2020年5月，上证指数都没能收复失地，突破5178点，仍在3000点左右呈现拉锯战。

2015年，证券行业指数从最低的466点在不到一年的时间里快速拉升上涨到1810点，涨幅高达3倍！但随后A股市场出现暴跌，由牛转熊，证券行业也快速下跌。

总体来说，证券行业是一个典型的最不适合长期持有的行业。具体原因如下：

(1)同质化竞争。

证券业是一个充分竞争的行业，行业内的券商几乎提供的都是同质化的服务，没有太大的差异，同质化竞争非常激烈。

(2)没有核心竞争力。

除了依靠打折低价吸引客户，大多数券商是没有任何核心竞争力，也很难对客户形成黏性，壁垒很容易就被对手攻破，客户完全可以自由选择任何一家券商，几乎没有转移成本。

(3)互联网金融冲击。

由于前两个因素，激烈的竞争不断地压缩券商的主要收入——佣金，再加上互联网金融平台的冲击，未来超低佣金会成为主流趋势。

2. 证券行业指数基金有哪些

几乎跟银行业相似，证券行业的指数基金主要是跟踪中证全指证券行业指数，代码是399975，是从2004年12月31日以1000点开始起步的。

国内相关的证券行业指数基金如表4.5所示。

表4.5 部分证券行业指数基金产品

基金名称	基金代码	管理费率(%)	基金规模(亿元)	成立时间	场内/场外
国泰中证全指证券公司ETF	512880	0.50	139.68	2016/7/26	场内
南方中证全指证券ETF	512900	0.50	20.17	2017/3/10	场内
华宝中证全指证券公司ETF	512000	0.50	56.80	2016/8/30	场内
易方达证券公司分级	502010	1.00	8.08	2015/7/8	场内
长盛中证证券公司分级	502053	1.00	1.21	2015/8/13	场内

续表

基金名称	基金代码	管理费率（%）	基金规模（亿元）	成立时间	场内/场外
鹏华证券分级	160633	1.00	8.62	2015/5/6	场外
融通证券分级	161629	1.00	0.88	2015/7/17	场外
华安中证全指证券公司指数分级	160419	1.00	2.24	2015/6/9	场外
南方中证全指证券 ETF 联接 C	004069	0.50	14.04	2017/3/8	场外
富国中证全指证券公司指数分级	161027	1.00	28.57	2015/3/27	场外
招商中证全指证券公司指数分级	161720	1.00	75.05	2014/11/13	场外

资料来源：天天基金，截至 2019 年 12 月 31 日

（五）其他行业指数

1. 金融行业指数

金融行业主要由银行、保险、证券三个主要子行业构成，也就是俗称的“金三胖”。

其中，尽管保险公司的规模都比较大，在生活中也不可或缺，但因为数量太少，无法构成指数及对应的指数基金。所以，保险公司没有单独的指数基金，一般都融入到了金融指数基金和非金融指数基金之中。

金融行业指数基金分为两大类：一是同时包括了银行、保险、证券三个子行业的指数基金；二是只有证券和保险两个子行业的指数基金，剔除掉了银行业。

目前，金融行业指数主要有三个：一是从上交所的上证 180 指数中挑选出的金融企业，叫作上证金融 180 行业指数；二是从沪深 300 指数中挑选出的金融企业，叫作沪深 300 金融行业指数；三是从所有 A 股中挑选出的金融企业，叫作全指金融行业指数。

国内跟踪相关金融行业的指数基金如表 4.6 所示。

表 4.6 部分金融行业指数基金产品

基金名称	基金代码	管理费率（%）	基金规模（亿元）	成立时间	场内/场外
国泰上证 180 金融 ETF	510230	0.50	48.74	2011/3/31	场内
嘉实中证金融地产 ETF	512640	0.50	0.57	2014/6/20	场内
国投瑞银金融地产 ETF	159933	0.60	4.29	2013/9/17	场内
汇添富中证金融地产 ETF	159931	0.50	0.32	2013/8/23	场内
上证金融地产发起式 ETF	510650	0.50	0.38	2013/3/28	场内
广发中证全指金融地产 ETF	159940	0.50	6.75	2015/3/23	场内
国投瑞银沪深 300 金融地产 ETF 联接	161211	0.60	4.52	2010/4/9	场内
易方达沪深 300 非银行金融 ETF	512070	0.50	20.96	2014/6/26	场内
易方达沪深 300 非银行金融 ETF 联接	000950	0.50	17.09	2015/1/22	场外
国泰上证 180 金融 ETF 联接	020021	0.50	12.56	2011/3/31	场外

资料来源：天天基金，截至 2019 年 12 月 31 日

2. 地产行业指数

当今的房地产行业是非常热门的话题，也是人们安居乐业的前提条件。

房地产行业因为涉及面比较广，同时也牵动着众多的上下游行业，比如家电、家居、装修、水泥等行业，一直受到国家相关政策的严格调控，比如目前分城实施的限购、限贷等，所以也是一个强周期性行业。

目前国内的房地产行业指数主要有三只，即：中证 800 地产指数、国证地产指数和地产等权指数。

仅从名字上即可知，中证 800 地产指数是从沪深 300 和中证 500 指数中选取出的地产企业；国证地产指数是国证系列指数，是从 A 股中挑选出的全部房地产企业，几乎可以看作是全指房地产；地产等权指数则是每家房地产企业的股票都买一点，权重占比都一样。

国内跟踪相关的地产行业指数基金如表 4.7 所示。

表 4.7　部分地产行业指数基金产品

基金名称	基金代码	管理费率（%）	基金规模（亿元）	成立时间	场内/场外
南方中证房地产 ETF	512200	0.50	1.80	2017/8/25	场内
南方房地产 ETF 联接 A	004642	0.50	0.22	2017/8/24	场外
鹏华地产分级	160628	1.00	3.87	2014/9/21	场外
国泰国证房地产行业指数分级	160218	1.00	7.97	2013/2/6	场外
招商沪深 300 地产等权重指数分级	161721	1.00	2.45	2014/11/27	场外
天弘中证全指房地产增强 C	001557	0.50	0.64	2015/6/30	场外

资料来源：天天基金，截至 2019 年 12 月 31 日

3. 白酒行业指数

中国的酒文化源远流长，按照划分，白酒行业是必需消费行业的一个子行业。

以国人的习惯，白酒这种消费品除了具有社交属性外，还有一定的收藏价值。比如一瓶 10 多年的普通飞天茅台酒现在的价格差不多在 10000 元左右，茅台酒股份有限公司每年推出的生肖藏酒因为调兑的基酒年份较长更是价值不菲。

在必需消费品行业里，白酒的利润率几乎是最高的，比如贵州茅台的毛利率高达 91%，五粮液的毛利率约为 73%。此外，很多白酒的品牌优势也非常明显，筑起了比较高的“护城河”。所以，过去 10 多年里，白酒行业出现了很多大牛股，比如截至 2020 年 2 月 25 日，贵州茅台的股价为 1074.8 元/股，市盈率 PE 为 33.25 倍，总市值高达 1.35 万亿元。

实际上，白酒行业才是一个真正“躺着赚钱”的行业，其生产成本极低，每年的资本支出极少，自由现金流非常充裕，企业账户上经常有动辄数十上百亿元的现金，不差钱儿。

仍以茅台为例，2018 年飞天茅台酒的出厂价 969 元/瓶，市场零售指导价 1499 元/瓶，实际市场购买价格达到了约 2500 元/瓶，而且长期缺货，供不应求。仅以出厂价 969 元/瓶和毛利率 91% 进行计算，其生产的基础成本仅为 87.2 元/瓶，利润率高得惊人！

言归正传。目前，白酒行业的指数主要是中证白酒指数，代码是399997。国内跟踪中证白酒指数的指数基金如表4.8所示。

表4.8 部分白酒行业指数基金产品

基金名称	基金代码	管理费率（%）	基金规模（亿元）	成立时间	场内/场外
招商中证白酒指数分级	161725	1.00	109.43	2015/5/27	场外
招商中证白酒指数分级B	150270	1.00	109.43	2015/5/27	场外
招商中证白酒指数分级A	150269	1.00	109.43	2015/5/27	场外

资料来源：天天基金，截至2019年12月31日

除了上述这些行业/主题指数及其对应的指数基金之外，还有很多比较有特色的行业指数基金，比如，原材料行业、能源行业、环保行业、军工行业等，限于篇幅，就不再一一做详细介绍了，大家可以在天天基金、蛋卷基金等平台上方便快捷地查询到自己熟悉或者打算投资的行业指数及其跟踪的对应指数基金。

第五章

小而美的策略加权指数基金

在现代市场中，大多数机构投资者和所有个人投资者都能通过投资指数基金获取更好的收益。

——本杰明·格雷厄姆

在第四章，我们介绍了覆盖面比较广的宽基指数基金，这类品种也是目前各个市场上的主流投资品种；第五章，介绍的是各种优秀的行业/主题指数基金，也被称为窄基指数基金。

这两类指数基金虽然在市值覆盖、成分分布、风格特征等方面各有差异，但都有一个共同点，那就是它们都是按照市值加权的方式来制定指数的。也就是说，成分股的市值规模越大，在该指数中所占的权重就越高，对指数的影响也就越大。

市值加权的方式是目前市场上最为主流的指数制定方式。但除了市值加权指数基金外，还有一类相对小众、“非主流”但长期收益却很不错的投资品种。这类指数的特征就是不按市值加权，而是对应不同的策略来加权的，被统称为策略加权指数，也就是大家通常所说的聪明贝塔(Smart Beta)指数。

总体上来说，策略加权指数基金的收益可能更好，但承载不了太多的资金，是一个“小而美”的品种。

一、什么是策略加权指数

什么是市值加权？什么是策略加权？

市值加权比较好理解，顾名思义就是股票规模越大，权重就越高，比如像上证50指数、沪深300指数、中证500指数等。

举例来说，一个指数纳入了100只样本股票，总市值200亿元，其中A公司的市值是10亿元，B公司的市值是20亿元，那么，10亿元市值的A公司股票在这个指数中占比就是5%；而20亿元的B公司股票在这个指数中的占比就是10%；这5%、10%就是权重，这种方法就是市值加权。

实际上，市值加权也有自由流通和总市值加权这两种主要方法。

在A股中，有一些股票的流动性是很差的，比如限售的股票、大股东长期持有的股票、国有控股的股票、战略投资者持有的股票等，这些持有的股票一般不会出售，流动性差，我们将其称为非自由流通股。

自由流通股数 = 总股数 − 非自由流通股

因为市值 = 股票总数 × 股票价格，所以，自由流通市值加权法的计算公式也可以表示为：

自由流通市值 = 自由流通股数 × 股票价格

其中，最典型的代表是沪深 300 指数，它就是采用自由流通市值加权法编制的指数。

市值加数的另外一种方法就是采用总市值加权法，即把非自由流通股也计算在内的指数编制方式，典型代表是上证指数。显然，在交易量、流动性上，自由流通市值加权法显然更具有代表性。

以上加权方式可能存在这样那样的问题，为此，指数在加权方面的优化也可以成为策略指数，对应的加权方式就是策略加权。所以，策略加权是按照其他方式来决定样本个股权重，比如红利指数就是按照股息率来决定权重，哪只股票的分红率越高，哪只股票的权重占比就越大。在这个指数体系中，有的股票市值规模虽然不大，但股息率高，其占比反而更高些。

从这个意义上理解，策略加权有点像指标选股，即以成分股某一方面的指标高低为权重加权。除了红利加权，还有很多其他的策略加权方式，比如基于股票的资本回报率、基于股票的成长性、基于股票的现金流等加权方式。

策略加权弱化了“价格”这个概念，将重心更多的放在了其他方面，比如股票的价值、基本面、波动率等，无论是理论层面还是实践中，策略加权的表现都比传统市值加权更好。

总体上讲，相对市值加权指数基金，策略加权指数基金的数量并不多。在 A 股市场上，大约有 10 多种不同类型的策略加权指数，比如红利、价值、基本面、低波动、AH 优选、央视 50 等。每一个指数背后，都有自己相应的策略，也都有对应的指数基金产品，但数量并不多。

在所有的策略加权指数中，最有影响力、也最常用到的主要有以下四类：基本面指数、价值指数、红利指数、低波动指数。

接下来，我们针对这四类策略指数逐一介绍。

二、基本面指数：用 4 个指标挑选股票

“基本面”这个词对投资者来说应该不会感到陌生，因为无论是机构投资者还是散户，都经常用它作为技术指标来分析股票的投资价值。这也是价值投资者选股的重要条件之一。

2005年4月，罗伯特·阿诺德发表了《基本面指数投资策略》一文，率先提出了基本面指数投资的策略，抛弃了由市值来进行筛选股票的策略，提出以公司的营业收入、现金流、分红和净资产等最能反映公司经营和盈利能力的指标作为选股标准，并对这些指标进行打分，计算出公司的基本面价值，构成一个筛选体系。

（一）什么是基本面指数

简单地说，也就是以上述4个财务指标来选择股票并决定样本股权重配置，哪只股票的基本面更好，哪只股票的权重占比就更高。

那怎么判断一只股票的基本面好坏呢？

我们以目前国内出名的中证基本面50指数为例来具体阐述一下其加权策略选股的步骤和方法。

对拟选入样本空间的股票按照最近一年的日均成交金额降序排名，剔除掉排名后20%的股票。

对样本空间内的剩余股票按照其基本面价值由高到低排列，选取单只股票的基本面价值计算方法如下：

（1）从上市公司过去5年的年报数据中计算4个基本面指标。

①营业收入：公司过去5年营业收入的平均值。

②现金流：公司过去5年现金流的平均值。

③净资产：公司在定期调整时的净资产。

④分红：公司过去5年分红总额的平均值。

（2）如果一个公司年报数据少于5年，可用年限的数据计算基本面指标，将排名在前的50只股票作为样本股。

（3）计算每只股票单个基本面指标占所有样本股指标总和的百分比。

（4）基本面价值由上述4个百分比数据的简单算术平均值乘以10000000得出。

举例来说，A公司在2019年的营业收入为10亿元，用它除以所有成分股公司营业收入之和，得到一个百分比，继续用同样的方法计算出分红、现金流、净资产的所占百分比，再以这4个百分比的平均数乘以10000000，就计算出了A公司的基本面得分。然后按照得分降序排列，选取前50名成为中证基本面50指数的成分股。

要成为中证基本面50指数的成分股，至少得有两个前提条件：首先是最近一年的日均成交量不能排在倒数20%内；其次，通过计算股票基本面价值，只取排名前50名的股票。

这种筛选模式相比市值加权的筛选方式更具优势：因为一家公司虽然规模大、市值高，但并不代表它的经营效益好，也不代表它的现金流、成长性好；而基本面通过策略加权的方式，会非常详细和系统地筛选公司的整体财务数据状况，通过5年以上的数据评分来挑选成分股，更加科学与客观。

与其他大多数指数一样，中证基本面50指数也是从2004年12月31日以1000点起步的，代码是000925和399925。图5.1为2005—2019年中证基本面50指数走势图。

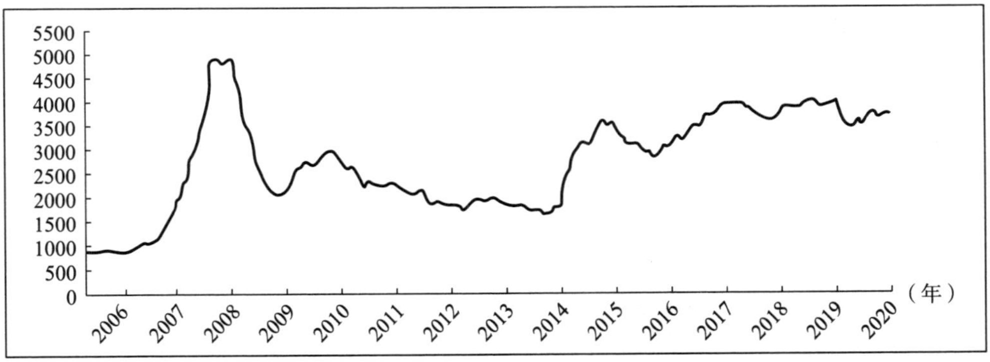

图5.1　中证基本面50指数历史走势图

统计数据显示，从2004年至2019年4月，基本面50指数加上分红收益年化收益率高达13.82%，而同期上证50指数的年化收益率为11%，沪深300指数的年化收益率为11.5%。可见基本面50指数跑赢了后两者主流指数。

（二）基本面指数的特点

按照上述4个财务指标平均得分来挑选出的成分股，也就是各方面都非常优秀的公司，往往意味着是每个行业里的龙头企业，所以基本面50指数纳入的，几乎都是大盘蓝筹股，这一点跟上证50指数有些类似，但因为基本面50指数综合考虑了营收、现金流、资产和分红等因素，相对更全面一些。

仍以基本面50指数为例，截至2018年1月底，其总市值高达24.87万亿元，平均个股市值约为4670多亿元，属于典型的超大盘范畴。

截至2020年2月25日，从基本面50指数成分股构成来看，前10大权重股市值均超过3200亿元，大多数属于金融行业，仅银行就占据了7个席位，这充分说明基本面50指数比较侧重于蓝筹大盘的特征，如表5.1所示。

表5.1 基本面50指数前10大成分股

股票代码	名称	权重(%)	所属行业
601318	中国平安	8.80	金融地产
601166	兴业银行	5.75	金融地产
601668	中国建筑	4.73	工业
600036	招商银行	4.70	金融地产
601328	交通银行	4.07	金融地产
600016	民生银行	3.76	金融地产
000651	格力电器	3.43	可选消费
601288	农业银行	3.40	金融地产
600104	上汽集团	3.26	可选消费
600000	浦发银行	3.15	金融地产

资料来源：中证指数，2020年2月26日

前10大成分股权重占比达到45.05%，分布比较集中。就行业分布而言，基本面50指数前五大行业分别是金融地产(59.39%)、工业(12.77%)、可选消费(10.61%)、能源(5.91%)、公用事业(3.69%)。

基本面指数相较普通的指数，最大的好处是收益会相对更高一些，尤其是在熊市阶段往往会大幅领先。

(三)对应指数基金产品

除了中证指数公司编制的中证基本面50指数外，还有深证指数公司开发的深证基本面60/120/200等指数，其是从深交所A股上市公司中挑选营业收入、现金流、净资产和分红最高的股票。两者之间的差异是，基本面50指数是从沪深两市中挑选出来的50只股票，而深证60/120/200只是从深交所分别挑选出的60、120、200只股票。

值得一提的是，深证指数公司开发的这三只指数前 10 大重仓股是一样的，虽然权重占比有所不同，但由于成分股比较集中，所以这三只指数的长期走势较为接近。

跟其他大多数指数基金一样，目前跟踪基本面的策略指数基金主要有普通指数基金、ETF 和 LOF。相关基本面指数基金如下表 5.2 所示。

表 5.2　部分基本面指数基金产品

基金简称	基金代码	管理费率（%）	基金规模（亿元）	基金成立日	场内/场外
嘉实基本面 50 指数（LOF）	160716	1.00	21.05	2009/12/30	场内/场外
建信深证基本面 60ETF	159916	0.50	9.87	2011/9/8	场内
嘉实深证基本面 120ETF	159910	0.50	14.64	2011/8/1	场内
博时深证基本面 200ETF	159908	0.50	1.01	2011/6/10	场内
嘉实深证基本面 120ETF 联接 A	070023	0.50	13.98	2011/8/1	场外
建信深证基本面 60ETF 联接 A	530015	0.50	9.87	2011/9/8	场外
嘉实深证基本面 120ETF 联接 C	005998	0.50	0.46	2018/6/15	场外
泰信基本面 400	162907	0.50	0.46	2012/9/7	场外
浦银安盛基本面 400	519117	0.50	0.42	2012/5/14	场外

资料来源：天天基金，截至 2019 年 12 月 31 日

三、红利指数：上证红利、中证红利、深证红利等

（一）什么是红利指数

一般来说，大多数投资者在股市里纵横驰骋的时候，每天都会盯着 K 线图，看股价上蹿下跳，但本质上，支撑股价涨跌的背后因素是企业的盈利和估值，这也是构成价值投资的核心要素。

大部分投资者把精力都集中于揣测哪只股票可能上涨，希望通过低买高卖的交易行为来赚取价差利益，这本身无可厚非，但对一个试图长期稳定获取收益的投资者来说，很容易会忽视股票分红的这个获利因素。

在价值投资者看来，投资股票的本质是拥有上市公司对应的一小部分股

权，从而跟着公司一起成长，享受企业不断创造盈利所带来的收益，其中就包括上市公司每年回馈股东的股息分红。

科普一下：股息率是上市公司一年分配的股息与股价之间的比例。目前股息率有两种算法：一是用每股派息除以当前的股价，比如一只股票当前股价是 50 元，每股分红派息 1 元，股息率是 2%；二是用每股派息除以买入成本，也就是买入时的股价，比如买入时股价是 30 元，现在每股分红派息 1 元，那么股息率就是 3.33%。后一种算法更能反映真实的收益。相较而言，股息率是比分红金额更科学的数据。

如果所持有的上市公司股票能稳定地实现利润增长、现金流充裕，每年都能从利润中拿出一部分来发放股息，也就是现金分红，那么仅仅是分红收益也可能给投资者带来丰厚的回报。

以双汇发展为例，其在 2016 年、2017 年、2018 年的现金分红分别达到 69.3 亿元、36.3 亿元、47.9 亿元，而其三年的净利润分别为 41.1 亿元、40.1 亿元和 46.5 亿元，累计分红率达到 120.2%，连续多年的平均股息率达到了 4.67%。换句话说，即使每年什么都不做也能拿到接近 5% 的年化收益分红，这比把钱存在银行强多了。

通常情况下，企业能每年都持续稳定地拿出真金白银来分红，而且股息率比较高，说明这个企业盈利状况好，在财务报表上不会造假，爆雷的概率较低，且股价的长期走势都不会差。

一般现金流强的企业，主要集中在银行业、制造业和消费行业，如建设银行、工商银行、双汇发展、贵州茅台、福耀玻璃、格力电器等。

前面我们介绍过指数具有长期上涨的能力，最主要的原因就是指数背后的公司生产力和生产效率会不断提升，从而推动企业的盈利和现金流不断上涨，股息分红作为盈利的一部分，理论上也是长期上涨的。所以，我们通过持有数十只分红率较高的股票来获得更高的收益，这就是红利指数的理论根据和获利来源。

也就是说，我们投资了红利指数基金，相当于投资了这些“现金奶牛型”的企业，不仅可以享受股价上涨带来的收益，而且每年还能获得很不错的股息收益。

《股市长线法宝》作者——美国著名金融学家杰里米·J. 西格尔教授曾经说：“时间越长，分红在我们投资股票的收益中所占的比例就越大。”他对标准普尔 500 从 1871 年到 2012 年的数据进行统计后发现，股息分红是整个时期内股东收益最重要的来源。从 1871 年开始，股票实际收益率为 6.48%，股息分红收益 4.4%，资本利得收益率为 1.99%。

（二）红利指数的特点

红利指数是由市场上股息率最高、现金分红最多的股票组成的，因为 4 个基本面指标都非常优质，也就是成分股几乎都是优秀公司，再加上按照指数编制规则定期调仓，即定期根据最新的股息率排名做一次优胜劣汰，所以，红利指数自身的筛选功能特点使其在市场中的有效性不断得到验证。

红利指数有很多种，各家指数公司都推出了基于红利策略的指数，目前最为主流的有四种：上证红利指数、深证红利指数、中证红利指数和标普指数公司为 A 股开发的红利机会指数。

尽管编制机构和针对对象不同，但这些指数都具有至少以下两种共同特征。

第一，高股息率，更具有安全边际。

红利指数，顾名思义就是具有比较高的股息分红率。因为，无论哪一种红利指数都是从市场中挑选出来的高股息率的股票。也就是投资者不仅可以享受股价的上涨收益，而且额外还有一笔远高于市场平均水平的分红收益。尤其是在熊市阶段的时候，红利指数的股票不仅因为自身的优质性能够抵挡系统性下跌，而且股息还相当于多了一道“护身符”。

第二，持续发放现金股息的公司盈利能力和财务状况都比较好，风险系数低。

每年能够持续地派发较高的股息分红，一是说明这家公司在持续地赚钱，二是现金流较为充裕，因此盈利能力和财务健康的概率较高。

试想一下，那些持续亏损、高负债率、不断借钱维持运营的公司，必然现金流十分紧张，根本没有钱来分红派息，而且更重要的是红利指数的成分股门槛较高，它们根本无法被纳入。

财务状况越健康稳定，企业出现意外爆雷甚至 ST 的可能性就大大降低，股价的波动震荡也会越小，红利指数投资了这一篮子优质的股票，自然也比较稳定。

（三）对应指数基金产品

1. 上证红利指数

这是号称最老牌的一个红利指数，影响力很大，代码是000015。它是由上证A股中过去两年平均股息率最高、分红最稳定、具有一定规模及流动性较好的50只股票组成。国内A股的第一只红利指数基金就是围绕上证红利开发的，“一哥”地位名副其实。

打个比方，上证红利指数与上证50指数就像是一对孪生兄弟，都是从上交所挑选的50只股票，都是以大盘蓝筹股为主。

截至2018年1月31日，上证红利指数成分股总市值高达15万亿元，平均个股市值3090亿元，前5大成分股为中国神华、上汽集团、建设银行、工行银行、农业银行，都是属于市场中的“现金奶牛”。

上证红利指数从2004年12月31日以1000作为基点。图5.2为2005—2019年上证红利指数走势图。

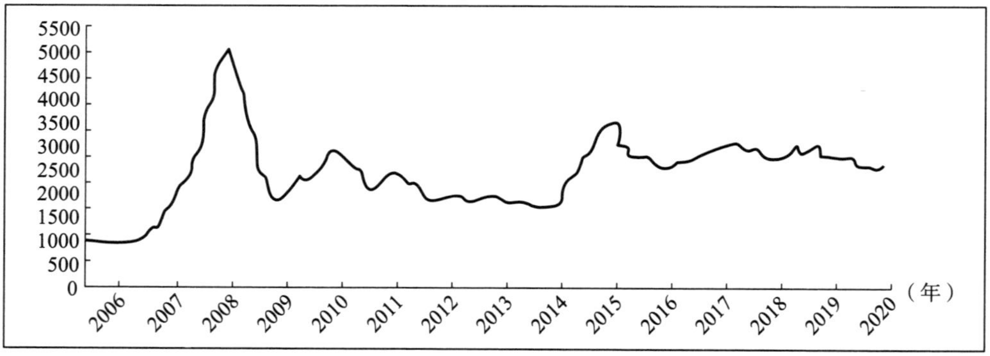

图5.2 上证红利指数历史走势图

跟踪上证红利指数的指数基金如下表5.3所示。

表5.3 部分上证红利指数基金产品

基金简称	基金代码	管理费率（%）	基金规模（亿元）	基金成立日	场内/场外
华泰柏瑞上证红利ETF	510880	0.50	30.69	2006/11/17	场内

资料来源：天天基金，截至2019年12月31日

2. 深证红利指数

深证红利指数与上证红利指数对应，专门投资深交所高股息率、具有长期回报的股票，不过成分股只有 40 只。

跟上证红利指数的成分股相似，深证红利指数的样本股大多是成熟的绩优股或分红能力较强的成长股，这个指数主要参考指标为现金分红和股票分红（送转股）的频率与数量。

深证红利指数是在 2002 年 12 月 31 日发布的，也是以 1000 点位基点开始起步的，代码是 399324。

截至 2018 年 1 月 31 日，深证红利指数成分股总市值约 4.1 万亿元，平均个股市值为 957 亿元，比上证红利指数平均规模小得多，但市盈率为 18.36，却比后者高得多，这是因为深交所的股票大多成长性较强，市场给予了较高的期望，所以整体估值都较高。

值得一提的是，深证红利指数前 5 大成分股占比高达 54.32%，且主要集中在美的集团和格力电器这两只家电股，成分股集中度比上证红利高。

国内部分跟踪深证红利指数的指数基金如表 5.4 所示。

表 5.4　部分深证红利指数基金产品

基金简称	基金代码	管理费率（%）	基金规模（亿元）	基金成立日	场内/场外
工银瑞信深证红利 ETF 联接 A	481012	0.50	13.24	2010/11/9	场外
工银瑞信深证红利 ETF	159905	0.50	12.31	2010/11/9	场内

资料来源：天天基金，截至 2019 年 12 月 31 日

3. 中证红利指数

中证红利指数是由中证指数公司编制的系列指数之一，从上交所和深交所中选取过去两年平均现金股息率高、分红稳定、具有一定规模和流动性好的股票，成分股数量扩大到 100 只。

中证红利指数同时覆盖了两个交易所的上市公司，与上证红利和深证红利比较起来，不仅具有它们的优势，而且可供挑选的高分红成分股的样本空间大得多，没有交易所的限制，可以确保“优中选优”。

一个有趣的现象是，中证红利指数的前 10 大成分股与上证红利和深证红

利的成分股重复度非常高，比如工商银行、建设银行、上汽集团、中国神华、双汇发展、格力电器等，这也从另一个侧面印证了这三个红利指数在编制规则上并没有太大区别。

统计数据显示近年来(2008—2017 年)，上证红利、深证红利和中证红利三者之间的历史走势和收益率存在一定差异：深证红利指数 > 中证红利指数 > 上证红利指数，详见图 5. 3 所示。

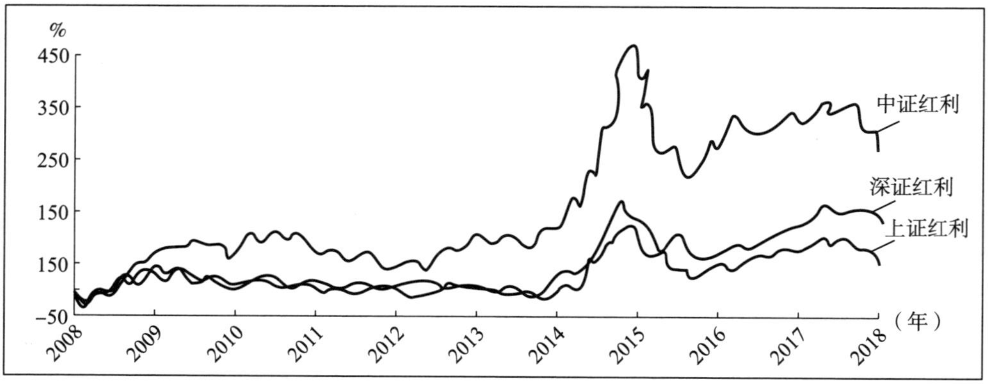

图 5. 3　红利指数收益率走势比较

中证红利指数是从 2004 年 12 月 31 日以 1000 基金开始起步的，代码是 000922/3999922。图 5. 4 为中证红利指数走势图。

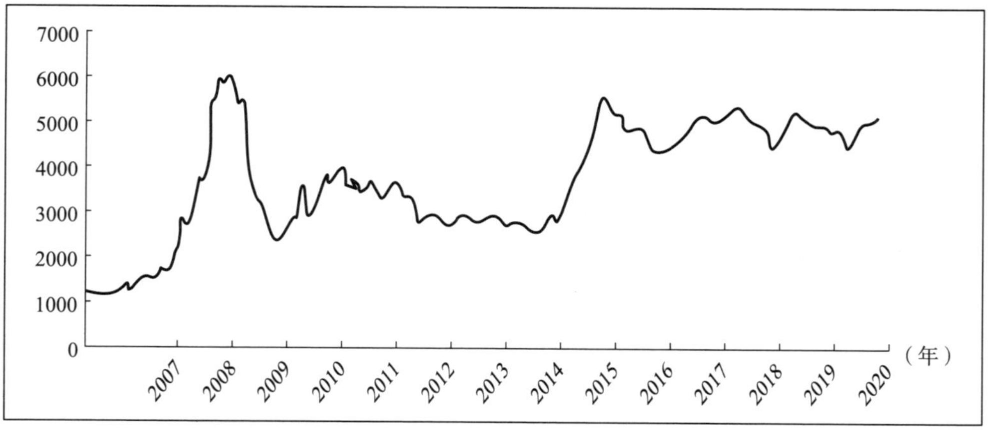

图 5. 4　中证红利指数历史走势图

国内部分跟踪中证红利指数的指数基金如表 5.5 所示。

表 5.5 部分中证红利指数基金产品

基金简称	基金代码	管理费率（%）	基金规模（亿元）	基金成立日	场内/场外
易方达中证红利 ETF	515180	0.50	9.94	2019/11/26	场内
万家中证红利指数（LOF）	161907	0.75	0.42	2011/3/17	场内
大成中证红利指数	090010	0.75	17.55	2010/2/2	场外
富国中证红利指数增强	100032	1.20	39.41	2008/11/20	场外

资料来源：天天基金，截至 2019 年 12 月 31 日

4. 红利机会指数

红利机会指数也叫作标普红利机会指数，请注意，这不是跟踪美股的指数，而是标普指数公司针对国内 A 股开发的红利指数。

红利机会指数在传统红利指数的基础上增加了一些筛选条件。

我们来看看标普中国 A 股红利机会指数的编制方法：

（1）样本空间：沪深两市全部有分红的 A 股股票（暂不包含创业板和科创板股票）。

（2）选样方法：

①市值筛选：指数调整参考日的自由流通市值不低于 10 亿元人民币。

②流动性筛选：过去 6 个月的平均日交易额不低于 2000 万元人民币。

③质量稳定性筛选：过去 3 年的盈利增长必须为正；公司在过去 12 个月的净利润必须为正。

（3）权重设置：股息率加权，且每只股票的权重不得超过 3%，单个行业权重不超过 33%。

（4）指数调整：

①每年调整两次样本股，样本股调整时间为每年 1 月和 7 月；

②设置 30% 的缓冲区，减少成份股的变动；

对于沪深两市符合上述条件的股票，按照当年股息率降序排列，选取 100 只股票构成指数成份股。

相较于传统红利指数，标普 A 股红利机会指数这样做至少有两个好处：

一方面长期分红的根本来源是盈利，挑选盈利增长、净利润为正的股票，可以剔除掉那些走下坡路的高分红公司；另一方面则限制了指数行业的占比，这样可以避免某些时段强周期性行业占比过高，保持长期稳健性。

红利机会指数发布较晚，是从 2008 年 9 月 11 日正式发布，但基准日为 2004 年 6 月 18 日，代码由英文字母组成，为 CSP-SADRP。图 5.5 为 2005—2019 年红利机会指数收益图。

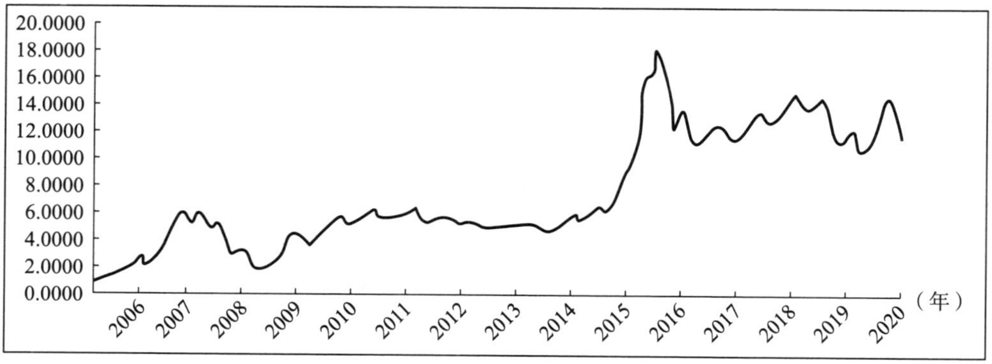

图 5.5　2005—2019 年红利机会指数收益走势图

国内部分跟踪红利机会指数的指数基金产品如表 5.6 所示。

表 5.6　部分红利指数基金产品

基金简称	基金代码	管理费率（%）	基金规模（亿元）	基金成立日	场内/场外
华宝兴业标普中国 A 股红利机会指数(LOF)	501029	0.75	22.73	2017/1/18	场内/场外
华宝兴业标普中国 A 股红利机会指数 C	005125	0.75	0.21	2017/8/28	场外
融通红利机会主题精选混合 A	005618	1.00	2.70	2018/3/27	场外

资料来源：天天基金，截至 2019 年 12 月 31 日

四、价值指数：便宜才是硬道理

在介绍价值指数之前，我们有必要先了解一下大家经常说到的“价值

投资”。

什么是价值投资？这个问题没有标准答案，因为投资者对价值投资的理解各不相同。通常来说，价值投资就是并不关注价格本身的波动，而是关心投资品的核心价值，以股东的身份随着企业持续创造价值而分享红利。

这其实围绕两个主题：一是公司质地好，二是估值低。前者衡量的是公司基本面经营状况、现金流等是否良好，盈利是否可持续，后者解释的是交易价格是否合理或者低估。用一句话总结就是：买便宜的好公司，即公司质地是先决条件，ROE（净资产收益率）的绝对水平和未来增速非常重要，同时合理或者最好偏低的估值水平是锦上添花，但盈利和估值两个维度同等重要，即：既好又便宜。

在我看来，估值应该是最容易把握的，一只股票是否便宜一目了然，看看市盈率、市净率、市销率以及企业的估值倍数等一系列指标，这一部分是最接近科学的。真正困难的是判断一家公司的质地，是否具备持续成长的内生动力，从而才能持续地创造盈利和价值。

沃尔玛的山姆·沃尔顿说：“只有买得便宜才能卖得便宜。”一个东西只要足够便宜，赚钱的概率就会高得多。买得便宜在投资领域要比零售领域更重要。

一般来说，通过这两个主题挑选出来的“三好学生”就是值得长期持有的好股票了。

（一）什么是价值指数

价值指数在本质上也是基于价值投资的思路来进行考量的，它所采用4个估值指标来筛选成分股，跟前面介绍的基本面指数有些类似，但所涉及的4个估值指标存在差异：市盈率、市净率、市现率、股息收益率，其公式如下。

市盈率（PE）＝公司市值/公司盈利

市净率（PB）＝公司市值/公司净资产

市现率＝公司市值/现金流量

股息收益率（PD）＝现金分红/公司市值

我们可以发现，基本面指数所采用的盈利、净资产、分红等指标也是价值指数对成分股的筛选条件，但除此之外，价值指数还会考虑公司市值的问题。图5.6反映了价值指数所采用的两个维度和四个指标。

图5.6　投资“便宜的好公司”价值指数的两个维度和四个指标示意图

资料来源：方正证券研究所

上述4个指标中，PE和PB分别被用来衡量估值低这个概念，而PD用来衡量公司是否具备高质量，好的公司往往具有稳定的净现金流和股票分红高等特点，而爆雷的公司都不具备这两点，比如康得新、康美药业等。

一般来说，爆雷公司经常呈现的特征是现金流增速赶不上虚高的利润，公司现金流紧张，需要不断通过借款、扩股等融资，几乎没有多余的现金持续多年进行大规模的分红。

另一方面，PE和PB还分别被用来计算公司每股收益和价格的比率，以及每股净资产和价格的比率，指标越小，则公司股价相对被高估；反之，指标越大，则公司股价被低估，未来上涨概率大，这家公司股票的投资价值就会越高。价值指数就是采用的这种策略，长期持有“既好又便宜”的投资品种，大概率就能获得“稳稳的幸福”。

（二）价值指数的特点

价值指数跟红利、基本面指数的特征很相似，所以从历史走势来看，这三者比较接近，长期收益也是很不错的。

但目前国内的价值指数数量不太多，影响力和规模合适的，主要是沪深300价值指数和上证180价值指数。

以沪深300价值指数为例，我们来看看它的编制方法。

沪深300价值指数是选取沪深300作为样本空间，计算价值因子包含4个变量指标：股息收益率，每股净资产与价格比率，每股净现金流与价格比率，每股收益与价格比率。

(1)股息收益率：过去1年现金红利与过去1年日均总市值的比值；

(2)每股净资产与价格比率：最近1期报表净资产与过去1年日均总市值的比值；

(3)每股净现金流与价格比率：过去1年净现金流量与过去1年日均总市值的比值；

(4)每股收益与价格比率：过去1年净利润与过去1年日均总市值的比值。

也就是从沪深300指数里挑选出那些市盈率、市净率、市现率最低，股息率最高的100只股票，每年定期进行调整。把那些因为市场变化导致估值较高的股票剔除掉，换成一批估值较低的股票。

这种方法往往会提供一些超额收益的机会。相对来说，估值较低的股票，长期看来是可以跑赢那些估值较高的股票，并获得不错的额外收益。

图5.7为沪深300价值指数走势图。

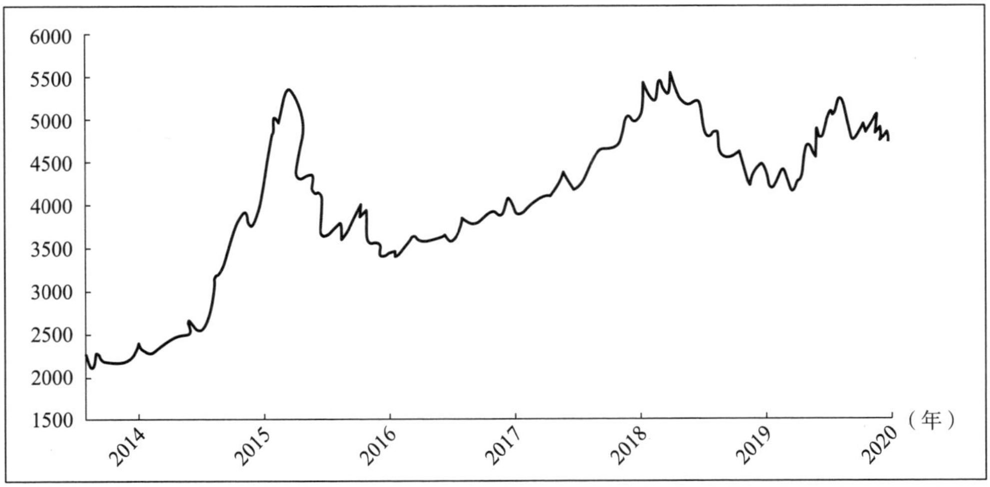

图5.7　沪深300价值指数2014—2019年走势图

(三)对应指数基金产品

价值指数的对应指数基金如表5.7所示。

表 5.7 部分价值指数基金产品

基金简称	基金代码	管理费率（%）	基金规模（亿元）	基金成立时间	场内/场外
华宝上证 180 价值 ETF	510030	0.50	1.74	2010/4/23	场内
银河沪深 300 价值指数	519671	0.50	16.04	2009/12/28	场外
申万菱信沪深 300 价值指数 A	310398	0.65	14.58	2010/2/11	场外
申万菱信沪深 300 价值指数 C	007800	0.65	0.54	2019/8/8	场外

资料来源：天天基金，截至 2019 年 12 月 31 日

五、低波指数

我们定义的低波指数实际上就是由波动率低的股票组成的指数，其实波动率越低，收益越好。这在国际上的成熟股市最为明显。

（一）什么是低波指数

最后一类比较常用的低波动策略指数，跟基本面指数和红利指数类似，也是近几年比较流行的策略指数之一。

低波指数是在市值加权的指数样本空间内，通过波动率来排名，选取波动率最小的固定数量的股票组成成分股，并通过波动率倒数对成分股进行赋权，波动率为股票最近一年平均日收益率的标准差。其主要逻辑，就是通过选取波动性较低的股票来降低投资组合的风险。

简单地说，如果一只股票在一段时间里，每天涨跌幅度变化不大，那么这只股票就是低波动率的。

波动率象征了资产价格的波动情况，代表了资产在过去一段时间里价格的不确定性。波动率越高表明资产价格波动越剧烈，波动率越低代表资产价格变动越平缓，股票的活跃程度较低。

通过这种方法编制指数，波动率越低的股票，其在指数中的权重越大，使得整体指数具有较小的波动性，在震荡和下行行情里，波动率因子的效应比较明显，具有较强的防御性。

在投资过程中，我们经常听到“高风险、高回报”的说法，很自然地将低波动与低风险——也就是低收益等同。比如，一只股票的涨跌幅度变化剧烈，像坐过山车一样，市场往往认为这只股票的风险比较高，但同时预期其收益

也可能高，看起来，这个想法挺符合投资者的直观感觉：波动大，风险大，收益高；波动低，风险小，收益低。但实际上，从长期来看，绝大多数时候的投资结果却是相反的。比如在股票市场里，波动率最低的股票，反而可能创造了更好的收益。这个现象被众多金融学家称为“低波动悖论(异象)”。

对于“波动率异象”的解释有两种：一是波动率因子是收益因子中的一个，二是投资者的交易行为导致了这种现象的发生。比如在A股市场里，被“情绪控制”的散户占据了绝大多数，很多人进入股市并非秉承价值投资的长期持有理念，而是以赌博的心态快速地买进卖出、追涨杀跌。买入波动大的股票，相当于押注这只股票能够短期里有较大波动，从而获得暴利。

A股市场里尤其盛行一窝蜂地炒主题、炒概念正是基于这种投机心理。在大家纷纷买入高波动率的股票后，实际上就进一步推高了它们的价格，从而导致高估值、泡沫等不利因素的出现。但泡沫终究是要破的，最后的结果就是一地鸡毛。

(二)低波指数的特点

一般来说，目前市场上主流的低波动指数，不仅含有低波动因子作为权重分配指标，同时还包含有如行业中性、低贝塔等因子。这是策略指数一个较为显著的特征，即策略指数往往不只含有一个赋权因子，而是两个或多个以上，比如红利低波动指数等，这一类策略指数也被统称为“多因子策略指数”。

其次，除因子个数不限于单个外，对样本股的加权方式也比较灵活，如等权低波动指数，其制定方式是先通过低波动因子选出样本股，再对样本股进行等权加权的方式结合为指数。

目前市场上低波动指数的代表，是中证500行业中性低波动指数。接下来我们以它为例，进行分析。

中证500行业低波动指数也称为500SNLV指数，代码是930782。500SNLV指数是2016年2月4日发布的，以2014年12月31日为基准期，目前成分股有150只，总市值23753亿元，平均市值为172亿元，属于中小型股票范畴。

我们来看看500SNLV指数的样本股选样方法：

①对样本空间内的股票计算最近一年平均日收益率的波动率(标

准差），并按照由低到高的顺序排列；

②按照中证500指数成分股在中证二级行业样本数量分布，也就是第1行业样本配额 = 样本空间里第1行业所有候选股票数量/500×150，从而确定二级行业的样本分配只数；

③按照行业的样本分配只数，在行业里挑选出波动率排名靠前的股票；

④对行业选取的样本做进一步调整，使成分股达到总数150只。

简单地说，中证500行业中性低波动指数，就是从中证500指数的500只成分股中，按照行业比例挑选波动率最小的150只股票，而编制成的一个中证500指数的升级版指数，指数成分股每半年调整一次。

500SNLV指数通过投资于波动率较低的股票能较好地控制下行风险，使得整体表现较为稳定。同时，也分享了市场行情的上涨，尤其在温和上涨行情、震荡行情和下跌行情下表现优异。

在超过12年的回测中，500SNLV指数除了在2012年和2016年表现略微弱于中证500指数，其他年份皆跑赢了中证500。从绝对收益率来看，从2006—2019年来的14个年份中，有9年取得正收益，累计收益率高达1329%，年化收益率达到22.70%。

图5.8为500SNLV指数与中证500指数2006—2019年走势比较。

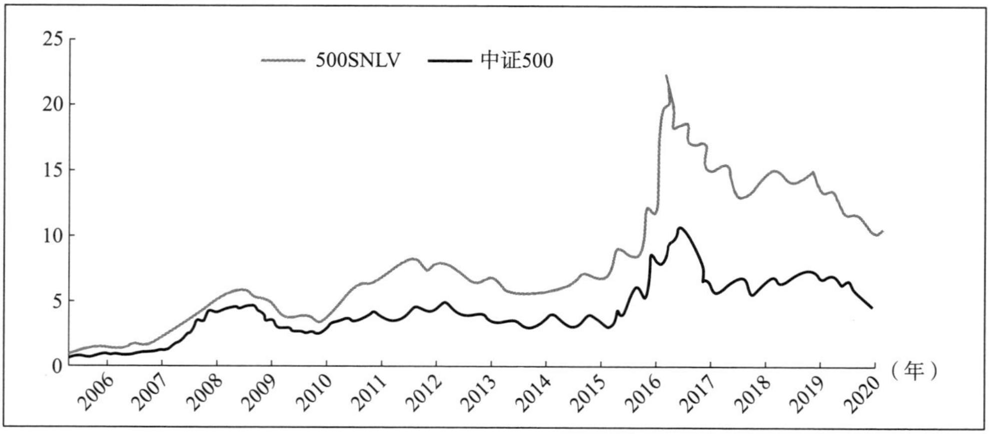

图5.8　500SNLV指数与中证500指数2006—2019年走势比较

（三）对应的指数基金产品

低波动策略指数在最近两年受到市场的大力追捧，尤其是海外低波动指数基金无论从基金规模还是基金数量都呈现出较快的增长。据统计，截至2018 年底，规模已经突破了 1700 亿人民币。市场上第一只低波动指数产品Powershares S&P500LowVolatility（SPLV）从刚成立时的 800 万美元的规模已升至 81.7 亿美元，而且仅仅过去一年规模就增长了近 20 亿美元。

但在国内，目前市场上与低波动策略指数相关的基金产品并不多，只有数量极少的几只。500SNLV 指数对应的指数基金产品如表 5.8 所示。

表 5.8　部分 500SNLV 指数基金产品

基金简称	基金代码	管理费率（%）	基金规模（亿元）	基金成立日	场内/场外
华安中证低波动 ETF	512260	0.50	2.57	2018/11/30	场内
华泰柏瑞中证低波动 ETF	512890	0.50	2.16	2018/12/19	场内
华泰柏瑞中证低波动 ETF 联接 A	007466	0.50	1.57	2019/7/15	场外
华安中证 500 低波动 ETF 联接 A	006129	0.50	0.11	2019/1/15	场外
景顺中证 500 行业中性低波动	003318	0.50	18.32	2017/3/3	场外

资料来源：天天基金，截至 2019 年 12 月 31 日

第六章

像选伴侣一样挑选指数基金

你几乎永远找不到一位能反复跑赢市场的基金经理。你最好还是买一只承诺了市场回报却费用很低的指数基金。

——《经济学人》杂志节选

前几章，我们相继分别对宽基指数、行业/主题指数和策略加权指数，以及跟踪它们的指数基金产品等进行了较为详细的介绍，基本上了解了指数基金的好处和它们各自有什么样的特点。

那么，面对品种繁多的指数基金产品，到底哪些适合我们投资，又该如何去投资呢？

简单地讲，这其实涉及两个方面的问题：一是买什么？二是怎么买？

指数基金投资是一种门槛很低的投资方式，可以让我们用很少的钱，就能参与种类丰富的投资，但这么多的指数基金品种，我们不可能全部都去投资。而且，投资的最终目的是赚钱，每个人都希望能够实现收益最大化，这就需要有一种方法（或系统）从琳琅满目的“货架”上挑选出值得投资的指数基金。

应该说，迄今为止投资指数基金的思路很多，见仁见智，没有任何方法是无懈可击的，总有各自不同的“短板”，所以不可能“总是对”，也不一定“马上对”。正如我曾经在《简单赚钱》一书里所说，投资本身是一件复杂的事，从宏观上的经济周期、行业演变到微观上的投资方法、资产配置，涉及众多跨学科的知识体系，有赖于同时对各个方面保持密切的关注，省略了任何一方面都有可能导致不如人意的收益结果。

那能否化繁为简，找到一些简单可行的法则和工具，直接触及投资赚钱的本质？既然投资赚钱有太多复杂的因素难以把握，能不能只试着去把握那些能够把握得住、最简单的因素，把那些不能把握的复杂因素留给运气和概率？

在近10年的“摸爬滚打”中，我也在不同阶段尝试过各种投资方法：从瞎子摸象、打听消息到定量投资、程序化交易；从看K线图的技术分析到看财务报表的基本面分析；从追涨杀跌的热点炒作到专注资产低估的价值投资……我在实践中深刻地体会到，对大多数人来说，只有价值投资才是真正可学、可用、可掌握且行之有效的，因此它成为我在多年的投资过程中一直坚持使用的投资方法。

这是“华尔街教父”——“股神”巴菲特的老师本杰明·格雷厄姆所提出的价值投资理念的一种投资策略，也是最适合普通投资者的方法，用这种价值投资理念来挑选适合投资的指数基金最好不过。

很多人认为投资最重要的是选择买入和卖出的时点，比如在价格最低时买入，在价格最高时卖出，做一个完美的“波段”，但从更长周期来看，试图实现持续地赚钱，选择好的指数基金其实才是获得良好回报的关键。

任何一种投资行为，包括指数基金投资在内，都是一场没有终点的“长跑”，你选择什么样的指数基金，其实就是被你的投资理念所驱动，从这个意义上理解，选择一个值得信赖且适合自己的指数基金产品就像选择伴侣一样，再怎么重视也不为过。

一、价值投资理念：大道至简

越是简单、越容易理解的事物就越容易做出正确的判断，所以，价值投资者都崇尚只做简单的投资，他们愿意坚持简单的逻辑、思维，致力于能在简单中创造不平凡。

大道至简，最简单往往最能持久。复杂意味着不易理解、不确定性多、风险大、成本高；简单意味着风险小、不确定性少、容易理解，更简单也才能更专注与重复。

能够理解、风险大小、确定性多少、方方面面的成本高低、是否具有可复制性对投资的成功至关重要，所以越简单的投资也越省时间、越省钱。

这就是我们投资指数基金时应严格遵循的投资理念，也是贯穿本书所有章节的价值投资理念。

(一) 巴菲特的 10 年赌约

前面说过，“股神”巴菲特是一个坚定的价值投资者，非常钟爱指数基金。他曾经说：通过长期定投指数基金，一个什么都不懂的业余投资者往往竟然能战胜大部分专业人士。

在过去 20 多年时间里，他一直不厌其烦地向普通投资者推荐指数基金，而且在 2007 年召开的伯克希尔公司股东大会上，他还建议太太在他死后去买标普 500 指数基金。

为了证明自己的观点，他还公开设下了一场赌局：“从 2008 年 1 月 1 日开始，没有职业投资者可以选出一个由至少 5 只对冲基金组成的投资组合，能在 10 年后击败无人主动管理的标准普尔 500 指数基金的表现。”

巴菲特立下了 50 万美元的赌约后，基金经理们一片哗然，然后是漫长的沉默，大多数主动基金经理虽然口头上表示质疑，但并未有所行动。

2008 年，FOF(基金中的基金)母基金的基金经理泰德·塞德斯前来应战，他选取了5只母基金作为自己的投资组合，每只FOF又把钱投到几十个主动型基金中。

那么最后到底谁赢了呢？2015 年，泰德·塞德斯提前认输，巴菲特在2016 年《致股东的信》里首次披露了9 年间两者的业绩表现，详见表6.1所示。

表6.1　5只母基金与标普500指数基金的业绩表现

年份	母基金1收益率（%）	母基金2收益率（%）	母基金3收益率（%）	母基金4收益率（%）	母基金5收益率（%）	标普500指数基金收益（%）
2008	-16.5	-22.3	-21.3	-29.3	-30.1	-37.0
2009	11.3	14.5	21.4	16.5	16.8	26.6
2010	5.9	6.8	13.3	4.9	11.9	15.1
2011	-6.3	-1.3	5.9	-6.3	-2.8	2.1
2012	3.4	9.6	5.7	6.2	9.1	16.0
2013	10.5	15.2	8.8	14.2	14.4	32.3
2014	4.7	4.0	18.9	0.7	-2.1	13.6
2015	1.6	2.5	5.4	1.4	-5.0	1.4
2016	-2.9	1.7	-1.4	2.5	4.4	11.9
累计收益	8.7	28.3	62.8	2.9	7.5	85.4

从表中结果可以看出，从2008 年至2016 年的9 年时间里，这5只母基金(FOF)的收益率分别为8.7%、28.3%、62.8%、2.9%、7.5%，平均年化收益率只有2.2%，而标普500指数基金的收益率是85.4%，平均年化回报率为7.1%。

实际上，这个结果并不意味着主动管理型基金经理不作为，而是因为主动投资类型的基金受到费率、时机、市场变化等影响，往往很难长期持续跑赢市场指数。指数基金之所以能够完胜，除了成本低之外，还有一个重要原因是它不择时，也就是不刻意挑选投资的时机，永远都是满仓操作。

而主动型基金的基金经理往往不敢这么做，一旦看走眼了，满仓操作的结果就是被全仓套牢，很长时间都无法解套，所以他们会根据自己对市场的主观判断，一会儿加仓，一会儿减仓，频繁地进行交易。

很多人都会存有这样的疑问，这个结论在中国也适用吗？巴菲特的赌局，只是对美国指数基金投资的实验，并不一定适合中国。

我们再来看看深成指数，也就是跟踪了A股深圳市场的部分主要股票的指数：

从1993年至2015年，任意一年开始投资并持有深成指数，尽管每一年的收益会存在较大的差异，比如第一年赚了30%，第二年赔了30%，但是如果能持有10年、20年，长期看来绝对不会赔钱，在这期间，最低年化收益率为4.57%，持有10年最高年化收益率可达16.7%。只要没在大牛市的高峰买入，其余什么时候买入长期的年化收益率都是很不错的。

（二）格雷厄姆的“烟蒂法”

以巴菲特的赌局为例，并不只是想证实指数基金投资的收益能够大幅跑赢主动管理基金——这已经是数十年以来不争的事实。仔细分析，巴菲特之所以对标普500指数战胜主动型管理基金胸有成竹，敢于下注50万美元，这背后的逻辑支撑究竟是什么？

对任何一个真正的价值投资者来说，风险控制永远是第一位的，不会在充满太多不确定性的事物上冒险。我想，一方面既是巴菲特数十年以来积累的丰富的投资经验使他不会自以为是、“聪明”地驾驭很多事情，比如不为了短期利益追涨杀跌、频繁交易，而是坚守自己一以贯之的价值投资原则；另一方面，他所挑选的标普500指数及其成分股具有几乎相同的特点：低市盈率、低市净率、高股息率，从中长期来看，跑赢主动管理基金几乎是铁板钉钉的事情。

巴菲特所坚持的这套价值投资理念，来源于其老师本杰明·格雷厄姆。巴菲特曾经说：在我的投资血管里，百分之八十流淌的是格雷厄姆的血液。

格雷厄姆被誉为“现代证券分析之父”“华尔街教父”，他最早创建了价值投资理论，在投资界的地位几乎相当于物理学界的爱因斯坦或者生物学界的达尔文。格雷厄姆有两部著作：《证券分析》和《聪明的投资者》，均被投资界奉为《圣经》。

19岁那年，巴菲特读了格雷厄姆的著作之后走上了价值投资之路，后来成为格雷厄姆的学生，并在毕业后进入格雷厄姆的投资公司工作，一生都在遵循和实践这套行之有效的投资理念。

作为一代宗师，格雷厄姆的投资理念还被“市盈率鼻祖”约翰·聂夫、“指数基金教父”约翰·博格、“超级投资者”沃尔特·施洛斯、“逆向投资大师”邓普顿等顶级投资大师所推崇。如今，仍活跃在华尔街的数十位资产规模上亿美元的投资管理人都自称为他的信徒。

格雷厄姆自己的投资也非常成功，30 年投资生涯的年化收益率达到 17%，如果加上政府雇员保险公司的收益，年化收益率高达 21%。

格雷厄姆说，所谓价值投资，就是用远低于公司内在价值的价格购买该公司的股票。打个比方，价值投资就像是冬天在人们都不买短裙的时候以极便宜的价格买入，然后等到夏天，当人们对短裙感兴趣时再将短裙高价卖出。这个对低估值要求较高的价值投资理念也被称为“捡烟蒂”。

格雷厄姆对价值投资总结出了三个非常重要的因素，分别是：市场波动、内在价值与安全边际。

1. 市场波动

很多人在投资的时候有一个共同特点：下跌后悲痛欲绝，上涨后欢欣雀跃。实际上，经济还是那个经济，公司还是那个公司，既不会因为急跌而变得更差，也不会因为急涨而变得更好，股价的短期起伏反映的只是投资者们的情绪跌宕，也就是市场波动。

对此，格雷厄姆在《聪明的投资者》中给我们讲了一个“市场先生”的故事：

> 投资者可以把波动当作一位市场先生每天为你提供的报价。不管怎样，市场先生每天都会报个价格，要买下你手中的股票或将自己手中的股票卖给你。市场先生有个毛病，那就是他的情绪很不稳定。当他高兴时，往往只看到公司好的一面，他会给出一个很高的价格；当他沮丧时，眼里只看到这家公司的各种问题，这时他会给出一个非常低的价格。
>
> 市场先生还有一个很可爱的特点，那就是他不在乎被冷落。如果今天他提出的价格不被接受，第二天他还会上门重新报价，要不要交易，完全由你做主。市场先生是来为你服务的，千万不要受到他的诱惑而被他牵着鼻子走。市场先生的行为越愚蠢，理性投资者

的机会就越大。

格雷厄姆关于市场波动这种生动有趣的表述实际上给我们提供了三个方面的思考。

第一，市场经常会因为毫无理由的波动起伏而出现严重的错误，如果我们因为所买股票不合理的下跌而盲目跟风或过度担忧的话，就是不可思议地把自己的基本优势变成了劣势。

第二，从根本上讲，市场波动导致的价格变化对价值投资者只有一个重要意义，即它使得我们有机会在价格大幅下跌时做出理智的购买决策，同时有机会在价格大幅上升时做出抛售决策。

第三，如果我们拥有稳健组合的投资标的，面对市场的波动起伏，既不会因为价格的大幅下跌而忧虑，也不应该因为大幅上涨而兴奋。始终记住，千万不要因为价格上涨而购买，或者因为价格下跌而抛售。

一个真正的价值投资者不太可能相信市场每天、每周或每月的波动会使自己更富有或更贫穷。结合我自己的经验来看，投资这件事做起来真的很难，但投资没有任何捷径可走，只有自己用时间和经历去慢慢理解这句话的真谛，控制内心的情绪起伏。

2. 内在价值

前面说过，你持有某些稳健组合的投资标的，在市场剧烈波动甚至下跌时，你心里一点也不会感到慌张，甚至希望它多跌一点好加仓，这说明你对该投资标的已有足够了解，对其内在价值和未来前景有比“市场先生”更为准确的把握，因此市场价格的波动不会影响到你的情绪。

对这些投资标的而言，下跌只是提供了一个更好的买点——买入之后的淡定，源自买之前的分析，这也就是投资标的内在价值。

什么是内在价值？简单地说，就是经过事实证明所具有的价值，比如资产、盈利、股息、成长性等，这一切不同于人工操纵扭曲和情绪过激行为导致产生的市场报价。

正如格雷厄姆在《证券分析》一书中所说的那样：我们估值的目的并不是为了精确无误地估算一只股票的内在价值，内在价值不是一个确定的数字，它是一个大概估算的价格范围。

值得提醒的是，如果认为内在价值像货架上的商品价格标签那样确定而且能够确定，那就大错特错了。我们分析某一个投资标的内在价值，只是试图搞清楚这一价值到底能否为投资标的提供保障，或是该价值相较于市场价格究竟是高估了还是低估了。这就像我们无需知道一个人的具体体重，就能看出他是一个胖子一样，关于内在价值的计算方法，我们将在后面章节进行讲解，这里暂不展开阐述。

通常情况下，市场不会对上市公司进行精确估值，所以绝大多数时候给股票定价的过程就是市场心理变化的过程，而市场心理变化的过程经常是不合逻辑的，因为一切都是由投资者的兴趣、喜好和情绪决定的。但无论市场如何跌宕起伏，股价上蹿下跳，最后都终将与内在价值趋于一致，这也即价值回归在起作用。就像钟摆那样围绕某一个时点来回摆动，只是在高点和低点的停留时间非常短暂，所以格雷厄姆说：股票市场短期是一个投票机，从长期来看却是一个称重器。

有人说过，投资中价值和价格的关系就像遛狗时人与狗的关系，狗有时候跑在人的前面，有时候跑在人的后面，但一般都不会离人太远。遛狗时人通常缓步向前，而狗会忽前忽后、东走西蹿，正如投资标的价格的波动常常大于基本面的波动。

市场中的很多人往往都喜欢追着狗（价格）跑，而价值投资者喜欢跟着人（价值）走，耐心等待狗跑累了回到主人身边，有时候，狗跑离主人的距离会很远、时间会很长，甚至超出你的忍受范围，让你怀疑绳索是否断了。

其实，绳索只是有时候比你想象得长，但从不会断。

2020 年 2 月，A 股市场因为受到经济下滑、新冠肺炎疫情等影响，又回到了 10 多年前的水平。其实，虽然“狗”跑回了原位，但是“人”在这 10 多年时间里却是大步向前的。10 多年前，“狗”远远跑在了“人”的前面（50 多倍市盈率）；今天，狗远远落在了人的后面（12 倍市盈率）。

3. 安全边际

假设我们计算出了某一只股票的内在价值，也轻易不会受到市场波动起伏的情绪影响，然后坐等这只股票价值回归或上涨，是不是就一定胜券在握了呢？答案是“否”。

任何投资都不是绝对的稳赢，而是充满了太多的不确定性因素，在全球经济一体化的背景下，“黑天鹅”“灰犀牛”事件随时都可能发生，进而影响投资收益。

在投资的时候，我们需要分析判断一下当前的股票价格与股票的内在价值之间的关系。比如说，我们经过一系列财务指标计算出一只股票的内在价值是在 15 ~ 20 元之间，那还会用 25 元或者更高的价格买入吗？相信绝大多数人都会坚定地放弃。

格雷厄姆用一句话形象直观地概括了安全边际，他说：我们要用 1 元钱去买价值 2 元钱的东西。

这其实就是格雷厄姆安全边际思想的核心。他对其定义为市场价格和评估价值的明显差别；价格低于价值的差额越大，安全边际就越大。也就是说，我们要用比价值更低的价格去买股票或指数基金。

市场上，大多数投资者面临的挑战不仅来自缺乏耐心和纪律，还在于关心回报的兴趣大大超过关心风险。但价值投资者第一目标其实应是保证资金安全。为了避免未来较大的损失，他们应首先寻找安全边际，为不确定性、坏运气或逻辑上判断失错误而留下缓冲地带，因为任何估值都是一项艺术，未来是不可预测的，任何投资者都难免会犯错，所以安全边际是万万不可少的。

换句话说，当我们在股价严重低于内在价值时买入股票就可能赚钱；反之，如果在股价等于或者高于内在价值时买入股票不仅不能赚钱，还有可能亏钱。

现实中，国内 A 股市场存在着“一盈二平七亏”的现象。仔细分析，会发现有 70% 亏损的投资者大多喜欢炒作热点、追涨杀跌：今天锂电池题材是热门涨得好，明天半导体行业受到追捧拉了几个涨停，于是就两眼放光杀进去，根本不管所买的股票是什么，内在价值是多少。所以，以一定的安全边际买入一只股票，并不能确保投资不受损失，但安全边际可以使你有更多的机会避免亏损。

以上三点，就是格雷厄姆创建的价值投资的核心理念。在这个核心理念的指导下，我们在投资指数基金时无论是一次性买入还是采用定期投资等方式，都可以淡定从容、放心持有。其中，最重要的是判断出价格与价值之间的关系，在价格大幅低于价值的时候买入。

那我们怎么知道指数基金的价格是不是低于价值呢？接下来，我们将通过一些具体的估值指标和方法来进行分析和判断。

二、估值的四个主要指标

我们都知道“高估”“低估”“低买高卖”的道理，那什么是估值呢？估值就是从各种不同的角度去评估资产，比如从资产盈利、资产价值等角度。指数基金跟踪指数，指数通常包括一篮子股票，所以，指数基金的估值约等同于这一篮子股票的整体估值。

而股票的估值，是预测上市公司在未来生命周期内每个年度的净现金收入，再贴现到今天，得出它的绝对价值，但这种绝对估值计算起来非常复杂，而且也不好比较，所以我们通常都是采用相对估值法。

最常用的估值指标主要有四个：市盈率、盈利率、市净率和股息率。根据这些基础指标，我们就能计算出一个与股价相关的比值，然后把它跟同行业或板块的其他指数基金进行横向比较，以及跟自己的历史估值进行纵向比较，以此来判断目前估值的高低。

听起来挺复杂，其实实际运用很简单，不需要去探究背后的逻辑。

(一)市盈率

1. 什么是市盈率

市盈率(PE)的定义是公司市值/公司盈利，即 PE = P/E，其中 P 代表公司市值，E 代表公司盈利；公司市值就是公司股票的总价值，可以看作当前市场认为这个公司值多少钱。

打个比方，我们雇佣一个程序员，他每月能给公司赚 500 元，我们愿意每月支付给其 5000 元的薪酬，他的市盈率就是 10(5000 ÷ 500)倍。上市公司的股票也是这样，若净利润是 1 亿元，市场愿对其估值为 10 亿元，那它的市盈率就是 10 倍。

继续假设如果我们雇佣的这个程序员未来的成长潜力很大，随着技术越来越熟练，他每年能比前一年给公司多赚 30%，那 10 年下来就能给公司赚 21300 元。

所以这个时候，就会有人愿意出 21300 元，他的市盈率就变成了原市盈率的(21300 ÷ 500)43 倍。虽然目前这个程序员每年创造的财富相同，但因为利润增速预期不同，原来 10 倍市盈率就摇身一变成了 43 倍市盈率。

一般来说，盈利增速高的公司市盈率往往就会远超增速低的公司，因为投资者对其未来预期一致看好，市场就愿意给它更高的估值。

指数的市盈率也是同理，比如代表大盘股的上证 50 指数的 PE 约为 11 倍，而代表中小型成长股的中证 500 指数 PE 则为 27 倍以上，就是盈利增速不同导致市场给予它们的估值不同。

其次，即使是同一个指数，在不同阶段，高估和低估的标准也不一样。仍以上证 50 指数为例，选择近 5 年的时间段来衡量其 PE，那么 13 倍的估值就不算低估，但在 2017 年，其 PE 最小估值都在 13 倍以上。

2. 中位数估值法

由于市盈率是衡量估值相对可靠的指标，因此观察市盈率在过去各个历史阶段估值中所处的位置十分重要。我们可以将某一个指数的历史市盈率指标进行统计，然后得出其中位数，将当前市盈率与历史中位数做一个比值，来衡量其在历史时间轴上估值的高低，称之为“中位数估值法”。

方法是把历史市盈率从低到高升序排列，然后看看当前 PE 处于什么样的位置，这个数值越小，说明指数当前的估值越低，投资价值就越大。

那么这个估值多少才算低呢？通常情况下，一般以 30% 作为分界点，PE 中位数低于 30% 的指数可以被认为处于低估范围，在低估值范围内可以考虑买入、多投；估值正常时可以继续持有或少投；高估时就分批卖出。

以沪深 300 指数为例，假如在 2012 年底买入，当时 PE 为 11 倍，百分位是 9. 7%，远低于中位数值。在经过近 2 年时间的亏损后，随着指数不断上涨和牛市来临，收益率在 2015 年 6 月高达 112%。如果是在 2010 年初买入，当时 PE 为 27. 93，百分位在 67. 8%，远高于中位数值，即使在后来的牛市顶峰，收益率最大也只有 51. 44%，相较于低估值点买入差距非常大。

3. 市盈率局限

市盈率的变量基于两个数值：市值和盈利，所以市盈率指标只适用于流动性好、盈利比较稳定的行业。

流通性不好的股票，很小的资金波动都会造成股价暴涨暴跌，容易被资金盘大的机构所操纵，从而影响 PE，这种情况下估值指标就没有什么参考价值，所以，历史市盈率分位方法测量估值更适合大盘规模的指数，比如上证 50、沪深 300、中证 500 等。

盈利不稳定的行业，由于受到宏观政策、行业经济周期、未来盈利前景等影响，不适合用市盈率，比如产生“市盈率陷阱”的没落行业和周期行业，有的行业处于成长期或者亏损期，也不适合用市盈率进行估值，大致情况如下：

①没落行业PE看起来很低，但是整个行业进入衰落期，是因为盈利的减少导致的；

②周期行业的盈利会随着周期景气来临而暴涨，导致PE较低，但景气一过，行业利润大幅下滑，市盈率急剧拉升重新回到高位；

③处于高速成长期的公司，盈利的大部分作为资本支出再投资扩大规模，容易被人为调整，PE估值不准确；

④亏损的公司没有盈利，自然就谈不上使用市盈率这个指标了。

(二)盈利率

盈利率也叫作盈利收益率，是从市盈率派生出来的一个估值指标。

盈利率＝E/P，E代表盈利，P代表公司市值，也就是用公司的盈利除以公司的市值，计算出盈利率，这跟前面所讲的市盈率有点类似，像一对“孪生兄弟”。实际上，盈利率就是市盈率的倒数，也就是它的影子。比如市盈率是20，那么盈利率就是5%。

换句话说，也就是如果我们买入了一只市盈率为20倍的公司股票，它每年能为我们带来5%的收益。相较之下，盈利率比市盈率似乎更好理解一些。

盈利率也是由格雷厄姆率先创设并经常使用的一个估值指标，是绝对估值法的一种应用。它把一个投资标的未来的现金流折现到今天，计算出所有现金流的现值，其中涉及到的一个概念——折现率，在某种意义上可以理解为我们想要的年复合收益率。

举个例子，我们花100万元买了一个广告公司，公司每年扣除工资、税收、社保等成本后，能够盈利10万元，那么盈利率为10%；如果盈利增加到15万元，盈利率为15%，那么我们买下的这个公司每年可以达到15%的盈利率。

按照格雷厄姆关于价值估算的检验标准之一：盈利率至少要为长期AAA级债券收益率的2倍，也就是拿盈利率与无风险利率进行比较，用于判断当前的市盈率是否具备投资吸引力，以2020年2月国内10年期国债的收益率约为2.74%计算，盈利率至少要达到5.5%以上，以上述例子来说，这家广告公司是被低估的，因为盈利率达到了无风险利率的5.47倍。

一般来说，盈利率越高，说明这家公司的盈利能力越强，可能被低估，所以，我们要买盈利率高的指数基金。

盈利率是市盈率的影子，适用的局限性与范围也和市盈率差不多，其特点如下：

1. 成分股盈利要稳定

盈利率是假设盈利不增长情况下的收益率，如果成分股整体增速较高的话，使用盈利率估值会大大低估我们将获得的收益。

而盈利增速较快的指数估值往往比较高，一般都在10倍以上甚至更高，比如中证500指数的估值就长期保持在23倍以上，这也体现了该指数整体盈利的高增速，这种情况下使用盈利率估值会对昂贵的股价望而却步而不敢买入。

2. 股息率要高

通常情况下，股息率高往往意味着公司赚取的是真金白银，现金流充裕，证明公司的盈利质量较高。

同时，高股息可以让我们将公司赚取的利润收入囊中，否则只是盈利率高却没有分到利润，会导致我们的真实收益率远低于盈利率，这个估值方法也就没意义了。

（三）市净率

市净率指的是市值和净资产的比值，也是每股股价与每股净资产的比率，也就是我们平常所说的账面价值。市净率的公式是：PB = P/B。P代表公司市值（或每股股价），B代表公司净资产（或每股净资产）。打个比方，如果一家公司的每股净资产是3元，每股股价是9元，则这家公司的市净率就是3倍。

既然有市盈率这种最常用的估值方法以及衍生出来的盈利率方法，为什么还要用市净率这种估值指标呢？

因为市盈率有些时候会失灵。前面说过，由于市盈率在净利润为负或者盈利增速过高过低时会产生极大波动，而市净率是相对稳定的数值，所以结合市净率对指数进行估值会更有效。比如在一些强周期性的行业里，如券商、地产、钢铁、煤炭、银行等公司，在其盈利最好、市盈率最低的时候，很可能正处于行业周期的顶峰，一旦景气过后，行业就开始大幅下滑。此外，在一些特殊的阶段，比如短暂的经济危机，或者像SARS、新冠肺炎疫情期间，曾经盈利稳定的行业或宽基指数都可能在短期内出现剧烈波动。这种时候，如果只是根据市盈率买入，则很可能买在山岗上、跌入深谷里，我们就需要用市净率来帮助判断指数或者股票的估值高低。

那什么是净资产呢？

资产很容易理解，就是未来可能帮我们赚钱的资源，比如现金、厂房、设备等，但这些资产可能并不全部属于我们，因为有些设备可能是借钱买的，有些流动资金可能是银行贷款，这些属于负债。所以，用总资产减去负债总额，剩下来的才是“净资产”，代表的是全体股东共同享有的权益，其公式为：

$$\text{净资产(所有者权益)} = \text{总资产} - \text{总负债} = \text{股本} + \text{资本公积} + \text{盈余公积} + \text{未分配利润}$$

比如说，你拥有一套价值200万元的房子，贷款50万元，净资产就是150万元。但上市公司不同，由于其每年都可以产生盈利，所以一般市值都是净资产的倍数。

通常情况下，净资产对股价的影响并不那么直接，所以导致市场并没有给予资产足够的重视，格雷厄姆在《聪明的投资者》中表示，如果你想稳健地投资，就应该以资产价值为出发点并坚持不变，然后再考虑其他因素。他说，聪明的投资者至少要首先明白，你为整个公司支付的价格是多少，买到的公司净资产是多少。

按照格雷厄姆的“烟蒂法”买入标准，那就是股票价格低于每股有形资产账面价值(账面价值－无形资产)的2/3时买入。

现在被市场追捧的公司，股价可能是净资产的10倍以上，比如贵州茅台、恒瑞医药等；而现在被市场冷落的公司，股价可能只有净资产的几分之一，比如当前银行、钢铁、煤炭等强周期行业的股票；当股票价格严重偏离净资产时，其实是为我们提供了较好的投资机会。

值得一提的是，格雷厄姆估算资产时，是将公司的无形资产项从净资产中减掉的。但实际上，公司拥有的品牌、专利、技术等无形资产，像厂房设备一样具有真实的价值，更不容易受到竞争的伤害；并且在经济环境有利时，资本投入较少的轻资产公司可能会比重资产公司的增长速度更快。

可以看出，因为像品牌、渠道等无形资产难以计算，负债大增或亏损时都会造成净资产减少，同时会降低市净率的参考价值。所以，使用市净率进行估值时，公司的资产应该是较为稳定且容易衡量价值的有形资产，像证券、地产、银行、航空、能源等周期性或盈利不稳定的行业及其指数基金，都很适合用市净率估值。

一般来说，市净率越小，投资价值就越高，因为净资产的多少由公司的经营状况决定，公司业绩越好，资产增值越快，净资产就水涨船高，市净率也就越小。

那市净率多高算高，多低算低呢？与市盈率一样，可以通过绝对值和中位数这两种计算方法来进行衡量。

1. 绝对值法

绝对值类似盈利率。比如按照银行业的资产质量判断，中证银行指数在1倍PB以下属于低估，1.1倍PB以上属于高估；全指证券公司指数在1.3倍PB以下可以开始买入，2倍PB以上逐步卖出。

2. 中位数法

我们之前在讲市盈率时已经详细介绍过中位数法，也就是观察市净率在过去各个阶段估值中所处的位置。我们可以将其历史市净率进行统计，然后得出中位数，再以这个中位数作为参考标准，结合指数中的百分位(基金网站上都有介绍)来判断其现在是高估还是低估。

一定意义上讲，市净率相当于价值率，数值越低越好，这样在我们投资过程中赔钱的可能性就会大大降低。

(四)股息率(DP)

我们知道，很多股票每个年度都是会向股东分红的，公司的现金分红除以公司的市值，得到的就是股息率。股息率衡量的，就是现金分红的收益率。

股息率(即股息收益率)=D/P。D代表股息，P代表股票买入价，所以股息率也是股息与股票价格之间的比率，在投资实践中，股息率往往是我们衡量企业是否具有投资价值的重要标尺之一。

比如，一只股票每个年度会支付3元的股息，我们买入股价是60元，那么这只股票的股息收益率就是5%。

通常来说，对一些规模体量大的蓝筹股，稳健经营、持续盈利，也不需要多少留存利润进行资本支出再投资，于是就会把企业每年赚到的盈利拿出一部分，以现金分红的形式分给股东，这也是现金分红的来源。

从股息率角度来衡量公司价值，也是一个比较好的方式。一方面，我们可以根据股息率来挑选收益型股票，比如一只股票连续多个年度股息率超过1年期银行存款利率，那么这只股票基本上可以看作为收益型股票，很有投资价值，股息率越高越吸引投资者；另一方面，如果两家公司发放的股息相同，则股息率越高说明股价越低，因此股息率高的公司股价可能被低估。

值得注意的是，在具体的操作环节中，我们首先要分析这家公司是否有良好的派息记录，例如持续多年有分红。其次，暂时股息率很高时要分析一下到底是什么原因造成的，如公司的派息总额与过去是一致的还是断断续续地分红，导致当前的股息率失真。

价值投资大师沃尔特·施洛斯曾认为，我们买入的公司，不仅买入价格要相对于内在价值低估，而且大部分都会在我们等待估值修复的过程中发放股息，这会给我们带来稳定的额外收益。

按照格雷厄姆“烟蒂法”的标准，股息收益率至少应该是长期AAA级国债收益率的2/3。如果以2020年2月国内10年期国债收益率2.74%计算，至少应该在1.78%以上。

1. 股息率与分红率的关系

我们先来看一组公式：

$$股息率 = 股息/市值$$
$$盈利收益率 = 盈利/市值$$
$$分红率 = 股息/盈利$$

由此可以推算出股息率与分红率之间的关系为：

$$股息率 = 盈利收益率 \times 分红率$$

我们知道，股息率指的是公司在一年内累计的分红总额与公司目前总市值之间的比率，简单来说就是股息与股票价格之间的比率，而分红率指的是在一个会计周期内，公司的股息总额与公司净利润之间的比率，也就是每股分红/每股净利润的百分比。可以看出，这两个比率分子都是一样的，而分母一个是公司总市值，一个是公司当年的净利润，如果把这两个分母放在同一时间和区间做比较，两者存在着倍量的差别；如果是在不同的时间和区间，两者的差别或许不存在，但同时也难以比较。

其次，股息率的计算周期一般为一个会计周期，一个年度，甚至跨会计周期、年度。而分红率则不同，它的计算周期一般为一个会计周期内，因为股票市场随时都在波动起伏，每股净利润随时都会存在变化，计算周期如果跨度太大，难免会失真。

再者，股息率是随着股价的变化而波动：股价越低，股息率就越高，而分红率一般是由公司预先设置好，并且连续多年都不会变。

最后，在使用方面，股息率一般会与净利润增长率结合使用，而分红率则会与市盈率结合使用。

2. 高股息率带来超额收益

作为一个二级市场的价值投资者，我们随时都在寻找市场上“便宜的好公司”，都清楚股票不只是每天上下波动的数字，它代表的是公司的部分所有权。打个比方，一家公司就像一整张披萨，这张披萨被切成很多份，每一份股票就代表其中一份所有权，但实际上，我们是享受不到很多权利的。

如果把投资赚钱分成三大类：第一种是赚估值修复的钱，比如用 0.5 元买价值 1 元的东西；第二种是赚成长的钱，比如用 1 元买了现在价值 1 元或者更少、将来能够变成 2 元的东西；第三种是赚博弈的钱，股票本身价值没有变化，但价格变动大，赚的钱都是其他人的损失，这也是“零和游戏”。

具体到股票的价格变动则来源于三个方面：盈利增长、估值变动和股息收入：盈利增长反映的是企业未来的成长性，持续稳定的赚钱；估值变动则取决于市场情绪、交易结构以及流动性的变化；而股息收入可以通过股息率来刻画，股息率不仅是重要的选股因子，也是聪明贝塔指数中重要的红利因子。

在一定程度上，高股息率可以作为“便宜的好公司”的粗略代名词。众所周知，股息率=股息/股价，如果一家公司的股息高，那么这家公司及其股票必然包括两个因素：高现金分红能力、不是太高的股价。

如果一家公司账面紧张，行业步入增长停滞或危机，那么一般企业都不会拿出大笔盈利进行分红；即使一家公司拿出大量现金分红，但若同时股价很高，就会导致股息率公式中的分母变大，也无法构成高股息率。因此，高股息率在某种程度上拟合了价值投资买“便宜的好公司”的全部要素。

我们锚定低估值，然后从中挑选出高股息的指数基金，就能以较低的成本买入更多的仓位，从定性来讲，价格处于底部区域，继续下降的空间较为有限；从定量来讲，一旦行情上行，由于仓位更多，在行情初期积累了更多的利润，让我们在接下来的策略掌控中游刃有余，就能够获得股息收入和估值提升的“戴维斯双击”的超额回报。

股票市场是一个关于预期的市场，市场每一次上涨都会激发美好的遐想，每一次下跌也都充斥着大量坏消息的预期，导致大多数人追涨买入或者割肉卖出。

所以，股息是一个既能长期持有股权资产，又能同时享受现金流收益的好方法，因为通过长期持有高股息的资产组合，无须每天盯着K线图让情绪随着股价的涨跌忐忑不安，能通过每年收取稳定增长的现金分红提高投资的整体收益。

需要强调的是，高股息策略是一种稳健的投资方法，核心是买入优质的股权资产，目的是分享企业盈利持续增长的红利，并不能仅仅寄望于估值提升拉动股价上涨来支撑，切不可本末倒置。

美国著名金融学家西格尔教授曾经对1871年至2012年的标普500指数数据进行统计和分析，随后在他的著作《股市长线法宝》中总结说：时间越长，分红在我们投资股票的收益中所占比重就越大。所以在投资指数基金的时候，股息率是一个非常重要的估值指标。

通过对市盈率、市净率、股息率等的介绍，我们对这些常用的股票估值指标有了初步了解，实际上我们不用自己去一一计算，这些数据在股票交易软件或者平台上都可以找到，查询起来非常方便。

指数基金像一个篮子，把各种类型、行业等的股票分门别类纳入其中，这一篮子的相关估值指标也是可以在相关网站上查询到，比如中证指数公司官网、恒生指数官网，以及蛋卷基金、天天基金等第三方平台，每个交易日都会更新数据。

三、指数基金估值利器之盈利收益率法

众所周知，指数的估值主要采用市盈率、市净率衡量，除此之外，还有股息率、净资产收益率(ROE)等指标。价值投资理念追求大道至简，不需要把所有的估值指标都一一进行计算，我们只要抓住其中最核心的几个，再结合投资大师们历经数十年实践证实了的估值策略，基本上就可以找到“价格低于价值”的指数基金产品了。本节我们先向大家介绍一种简单的方法，可以快速判断指数的估值高低。

(一)盈利收益率法

1976 年，82 岁的投资大师本杰明·格雷厄姆去世。在他晚年的时候，越来越倾向于分散的指数型被动投资，也曾经郑重地向大家推荐这个安全可靠的投资方法。其中，格雷厄姆开创性地提出了一个神奇的选股指标，他本人对此进行了各种验证，分析期限长达 50 多年，结果业绩都大幅战胜了市场。这个选股指标，或者叫作投资方法，就是接下来我们要讲的盈利收益率法。

盈利收益率这个指标前面已经介绍过了，一点也不神秘，其实就是我们经常说的市盈率的倒数，即盈利收益率(EP) = E/P，即盈利/市值。

市盈率这个指标原本是为了方便计算出我们投资收回成本的时间，比如 10 倍市盈率，即 PE = 10 时意味着我们在 10 年内的盈利能够达到我们所支付的本金，但在投资过程中慢慢地就没人关心市盈率的原本含义了，所以，我们动辄买入 40 倍、60 倍甚至 100 倍市盈率的股票或指数。

实际上，盈利收益率也是代表我们以当前的价格买入后所取得的收益率，有人也把它叫作价值率。打个比方，假设一个公司盈利是 1 亿元，公司的市值是 8 亿元，那么盈利收益率就是 1/8，也就是 12.5%，换句话说，如果我们用 8 亿元买下这个公司，那么这个公司可以每年给我们带来 12.5% 的收益率。

搞明白了盈利收益率，我们就很容易判断一家公司是否值得投资，这比纯粹的市盈率更容易理解；盈利收益率也更加符合普通投资者的投资观念，就是投资了这个公司或指数，每年能获得多少回报。显然，投资要试图获得高回报，就要选择高的盈利收益率，因为盈利收益率越大，说明这家公司盈

利越好。

(二)买入卖出的标准

搞懂了盈利收益率的定义，接下来我们看格雷厄姆会在什么情况下买入指数基金，又会在什么情况下卖出指数基金。

1. 买入标准

盈利收益率究竟要达到多少才值得买入呢？格雷厄姆认为有两个标准。

(1)盈利收益率大于10%。

格雷厄姆根据数十年的投资经验总结发现，历史上大多数国家的股市在熊市最低谷的时候市盈率普遍在10倍以下，也就是说，市盈率在10倍以下可以看作市场整体已经处于低估状态了，这个时候买入，那么未来大概率会上涨。

以美国股市为例，其市盈率大部分时间都在10~20倍波动，港股市场与美股市场类似。我们国内A股因为散户较多、经济增速快，所以波动起伏的幅度也比较大，大多数时间在10~60倍循环往复。但不管任何市场，一旦市场整体的市盈率达到10倍以下时，就值得买入建仓了。这如果此时买入，我们大概率能够获得10%以上的收益。

(2)无风险收益率的2倍。

为了保险起见，格雷厄姆还设置了无风险收益率的条件。

在国内，我们可以用国债收益率来代表风险收益率，按照这个标准，也就是说，当盈利收益率达到或者超过风险收益率的2倍时可以买入。这个条件的背后其实是提升安全边际，因为任何股票都是有风险的，无法做到100%的确定性。我们在股市进行投资，必然要求有一个风险溢价，也就是说收益率要超过风险收益率，否则我们还不如直接投资于风险国债就行了。

这个风险溢价究竟是多少才合适呢？格雷厄姆认为应该是2倍的无风险收益率。如果无风险收益率太低，则无法覆盖掉风险，安全系数较低；如果风险收益率太高，则我们可能会错失投资机会而扼腕叹息。

截至2020年3月2日，国内10年期国债收益率约为2.74%，无风险收益率的2倍就是5.5%。

上述两个买入标准，是建立在充分的安全边际的基础之上的，大多数时候其实只需要满足其中一个条件即可。需要注意的是，以国债收益率为代表的无风险收益率是动态变化的，要根据当时的具体情况来进行比较。

在我看来，标准是一个非常重要的参考条件，但并非不可调整。每个投资者的风险承受能力不同，风险偏好就存在差异，大家可以在这两个标准的基础上根据自身的实际情况进行微调。

2. 卖出标准

在投资圈里有一句很经典的话：会买的是徒弟，会卖的才是师傅。我们知道了指数基金的买入标准，那么什么时候卖出呢？

即使作为一个价值投资者，我们信奉长期持有的投资理念，但不可能也无法永远持有下去，终究是要将持仓换成现金的，这就需要思考一个问题：如果把指数基金卖掉，我们拿着现金去投资其他产品，是否能取得比原来指数基金盈利收益率更高的收益呢？

举例来说，如果我们买入持有的中证 500 指数基金的盈利收益率为 4%，而同期无风险国债收益率达到了 3%，我们就可以将二者进行比较了。一边是收益率只有 4% 的较高风险的指数基金，一边是收益率为 3% 的无风险国债，那为什么还要投资或者持有指数基金呢？不如将指数基金卖出换成无风险国债，毕竟国债更加稳定，且几乎没有任何风险。

另一个卖出的衡量标准就是市盈率了。前面说过，国内 A 股整体市盈率大多数时候是在 10 ~ 60 倍波动，但为了安全保险，我们可以将其波动幅度界定为 10 ~ 20 倍，一旦超过中位数值 15 倍市盈率则可以分批卖出，换成其他品种，换算为盈利收益率，则是约为 6.7%。

实际上，根据国内 A 股的市场整体情况，结合“银行螺丝钉”老师的方法，我们可以将上述两个标准合二为一，用盈利收益率法来买入或定投指数基金的策略是：

> 当盈利收益率大于 10% 时，分批买入。
>
> 当盈利收益率小于 6.7% 时，分批卖出。
>
> 当盈利收益率小于 10%，但大于 6.7% 时，坚定持有已买入的基金份额。

可能有读者会想，盈利收益率会不会瞬息万变呢？需不需要每天盯着 K 线图呢？

在波动幅度较大的股票市场，个股的涨跌往往会因为投资者的情绪变化、资金流动性等因素而导致剧烈运动产生风险，尤其是没有涨跌幅度限制的港股、美股等市场，很可能一天就跌去90%的市值。

但作为纳入了一篮子股票的指数及其基金产品，短时间内的变化不大，极端情况几乎不会出现，所以，我们在每月定投指数基金的时候，只需要通过网络查询一下盈利收益率，判断出其当时所处的情况，然后再决定是继续定投、坚定持有或是分批卖出。

(三)盈利收益率法的应用与局限

盈利收益率法看起来挺简单的，但这个方法靠谱吗?

数十年来，格雷厄姆创建的这个投资策略一直被世界上许多投资大师所采用和验证，经久不衰，几乎可以说是最简单有效的投资策略之一。

在这里，我们引用“银行螺丝钉”老师针对上证50和红利这两个指数2004~2015年的历史数据所做的回测，来看看使用盈利收益率策略的投资收益是多少。

他采用了两种方式将这个回测进行比较，具体做法如下:

1. 无脑定投

无脑定投是指无论在什么情况下，固定在每个月1日定投等额资金，不管市场整体状况变化和盈利收益率的高低。这样定投下来，上证50指数基金的月平均收益率为0.95%，年复合收益率为12.3%；红利指数基金的月均收益率为1.03%，年复合收益率为13.07%。

2. 盈利收益率法定投

在盈利收益率大于10%的时候，每个月1日买入等额基金。定投结果是:上证50指数基金的月平均收益率是2.16%，年复合收益率是29.27%；红利指数基金的月均收益率是2.2%，年复合收益率是29.9%。

通过上述回测和比较，我们可以看出，即使不借助任何方法，通过定期投资也可以在指数基金上取得12%以上的年复合收益率。但是，配合格雷厄姆的投资策略，年复合收益率则可以提升到惊人的2倍以上。这就是盈利收益率法用于定投的威力，也体现了格雷厄姆策略的有效性。

盈利收益率能使我们把指数基金看作一种稳定收益的投资产品，而盈利收益率就是指数基金这种投资产品的收益率。使用这个估值指标，可以帮助我们将指数基金的收益率与无风险国债、货币基金等的收益率进行一个比较，方便快捷地找到值得买入的投资品种。

再完美的理论也有它的前提假设，再好的东西也是有它的局限性的。我们可以看到，盈利收益率公式中的分子是公司盈利，公司盈利越稳定，那么盈利收益率也就越有效。反之，盈利波动越大，这个指标也就越无效。

以国内A股为例，盈利收益率法对于创业板、科创板市场等绝对估值较高的指数显然是不适用的，即使目前创业板估值从历史中位数来看，仍然处于相对低估的状态，PE小于35倍，但以盈利收益率的计算方法（$1 \div 35 \times 100\%$）来看，盈利收益率约为4%。所以，盈利收益率法适用于估值低、流动性较好、盈利比较稳定的投资品种。那些盈利增长速度较快或者盈利波动较大的指数基金，计算出来的盈利收益率会失真，不适合使用盈利收益率法。

具体来说，目前适合盈利收益率法的指数基金主要是那些由成熟期企业构成成分股的指数（比如上证50、上证红利、基本面50、上证50A + H优选、中证红利、恒生指数和H股指数等）及其基金产品，成长性强和周期股构成的指数不能使用盈利收益率法去判断。

相对而言，这些宽基指数基金产品的投资比较简单，当盈利收益率大于10%时买入，小于6.7%时就卖出。

盈利收益率法因为自身的局限性，只适合那些流动性好、盈利稳定的指数基金，但除了这些适合用盈利收益率法的基金品种，其他还有很多可供选择的指数基金，它们又该如何去估值呢？另一位投资大师约翰·博格给我们指明了方向。

四、指数基金估值利器之博格公式法

博格公式法是由约翰·博格发明创建的一种关于指数基金投资的价值策略。

关于约翰·博格，前文已有过简单介绍。约翰·博格是世界上第一只指数基金的发明者，被誉为“指数基金之父”，也是世界第二大基金公司——先锋集团的创始人，管理着上万亿美元的资金，他被《财富》杂志评为20世纪四大投资巨人，与巴菲特、格雷厄姆、彼得·林奇齐名。

在他的推动下，指数基金逐渐成为越来越多投资者的投资工具，而且已经成为主流投资趋势，就连“股神”巴菲特也成为指数基金的支持者。

博格公式法的核心，在于用几个简单的指标就勾勒出了指数基金收益的变量因子，并且通过对这些因子的分析，可以简单便捷地计算出估值的高低，适合分析盈利高速增长或者是盈利呈周期性变化的品种。

（一）什么是博格公式法

与格雷厄姆一样，约翰·博格在长达数十年的投资生涯中，一直致力于价值投资和长期回报的研究分析。他发现，决定股市长期回报的关键因素有三个，分别是初始投资时的股息率、投资周期内的市盈率变化、投资周期内的盈利增长率。基于这三个因素，约翰·博格设立了指数基金的收益公式：

年复合收益率 = 投资初期股息率 + 每年平均市盈率变化率
+ 每年平均盈利变化率

显然，这个公式中的三个变量将直接影响指数基金的最后投资收益，我们用博格公式法来估值和投资指数基金，也就是主要围绕这三个变量来进行研究。仔细分析，其主要逻辑跟盈利收益率法相似：

市盈率(PE) = 股价(P)/盈利(E)

所以，　　股价(P) = 市盈率(PE) × 盈利(E)

也就是说，股价的最终变化来自两个方面的变化：一是市盈率的变动，二是盈利的增长。除此之外，投资回报中还要考虑分红，但分红并未包括在PE或者E的变化中，最后得出：

股价变化 = 市盈率变化 + 盈利增长 + 股票分红

所以，指数基金的最终收益来自分红、市盈率的变化和盈利的增长，也就是回到了最初的公式：

年复合收益率 = 投资初期股息率 + 每年平均市盈率变化率
+ 每年平均盈利变化率

约翰·博格认为，股息率与盈利增长率这两个指标，长期来看对收益率的影响是正相关的。逻辑是这样的：股息和盈利增长都来源于企业业绩的持续提升。从社会经济发展的角度看，除了淘汰落后产能、企业生命周期更迭外，几乎每个行业内的公司整体上都是长期向好的，所以约翰·博格认为这两者是长期投资回报的真正内涵。

而公式中另一个变量市盈率的变化，他认为这个指标掺杂了市场情绪、流动性等非内生性因素，带有投机性质，所以又将其称为投机收益率。市盈率有可能增大，也有可能变小，可能为正，也可能为负，但总会在一个范围内上下波动。

鉴于国内A股市场并不成熟、散户众多等特点，导致波动幅度远超其他成熟市场。如果在市盈率非常高的时候买入，可能会亏损很多年无法解套；如果在市盈率非常低的时候买入，短期的年化收益率可能远超投资大师们，这个问题值得我们警惕。

举例来说，某个指数在投资初期的股息率为3.5%，市盈率25倍，3年后市盈率20倍，也就是说市盈率变化约为-7%，3年内平均盈利增长率为15%，根据博格公式计算一下，则投资该指数基金的年复合收益率为3.5% - 7% + 15% = 11.5%。

(二)博格公式法的应用

关于如何使用博格公式法来投资指数基金，并不需要特别复杂的计算，我们只需要把握公式中影响年复合收益率的三个要素即可：期初股息率、市盈率的变化率和盈利增长率。

1. 期初股息率

这个数据容易获得，通过计算指数成分股的股息率就可以得出，而且在我们投资指数基金的期初就已经确定了。与市盈率类似，指数基金越是低估，也就是价格低于内在价值时，股息率一般就越高。股息率的数值，在蛋卷基金、天天基金等网站上都能够查询得到。

2. 市盈率的变化率

跟买入时的股息率一样，买入时市盈率就确定了，无法预测的是未来市盈率的变化情况。但对于大多数指数来说，市盈率往往是在一个区间内呈现周期性的变化，因此我们可以通过历史数据去大致判断，比如看当前的市盈率处于历史数据中的哪个位置，如果当前是处于历史较低位置，则未来市盈率将大概率上涨。

换句话说，我们通过对市盈率历史数据的统计，可以在市盈率较低的时候买入，这样通过市盈率的上涨，未来就能获得不错的收益。

3. 盈利增长率

不得不承认，这是博格公式中最不确定性的部分，也是最考验投资者综合能力的部分。因为指数的以往业绩只是一个参考因素，我们不能据此判断其未来是增长或下降，而且盈利增长率不像市盈率呈现出周期性的变化。

但总体上说，只要国家经济长期发展，盈利就会长期上涨，经济景气时，盈利增速会比较快；经济不景气时，盈利增速则会放慢。

通过上面的分析，在博格公式的三个因素中，可以确定的有两个：开始投资时的股息率和当前市盈率处于历史波动范围的位置，无法确定的因素也有两个：市盈率的变化情况和未来盈利的增速状况。

未知的事情难以把握，我们只能在已知的事情上下工夫，“银行螺丝钉”老师认为，用博格公式来选择指数基金时，可以做到以下三点：

> 在股息率高的时候买入。
>
> 在市盈率处于历史波动较低位置时买入(以上两点经常是同时发生的)。
>
> 买入后，耐心等待“均值回归”，即等待市盈率从低到高。

一般来说，做到这三点，就能大概率保证我们在投资指数基金时获得一个不错的收益。

(三)博格公式的变异

在前面介绍盈利收益率法一节中，我们知道这个公式：

$$股息率 = 盈利收益率 \times 分红率$$

可以发现，盈利收益率法与博格公式法类似，在原理上也是相通的，都考虑到了股息和盈利这两个影响指数基金收益的因子，而博格公式中将市盈率的变化这个投机因素也考虑到了。所以有人说，盈利收益率法是博格公式法的快速判断版本，而博格公式法是对盈利收益率法的拓展和完善。

指数基金的分红率设置期较长，短期内不会变化，所以当盈利收益率高的时候，往往也是股息率高的时候。

如果指数基金背后的公司盈利下滑，或者盈利呈现周期性变化，就会导致市盈率的分母——盈利(E)失去参考价值，这种情况往往出现在一些强周期行业中，比如航空、钢铁、银行、证券等行业，在不景气的时候，盈利都会在短期大幅下滑，这样市盈率、盈利收益率、股息率等与盈利相关的指标就会因为失真而出现偏差。

这种情况下，我们可以使用经过改进变异的博格公式法，也就是用市净率来替代市盈率，市净率的公式为：

$$市净率(PB) = P/B$$

其中，P 代表指数背后公司的平均股价，B 代表平均净资产，换算一下，可以得出：

$$股价(P) = B \times PB$$

也就是说，股价(P)的变化，取决于指数的市净率(PB)的变化和公司的平均净资产(B)的变化。

细心的读者会发现，利用市净率代替市盈率之后，博格公式中原有的股息率一项消失了，这是因为股息来自公司盈利，而这一部分已经在公司的净资产变化中得到了体现，所以就不用重复了，这就是博格公式的变异。

通常来说，PB 越低越好。如果 PB 等于 1，说明刚好以净资产买入股票；如果 PB 小于 1，说明是在折价买入股票；如果 PB 大于 1，说明是在溢价买入股票；如果 PB 为负数，则说明公司资不抵债。如果公司的 PB 非常高，说明它的价格被抬升得很高，甚至有泡沫风险。

在使用变异的博格公式时有一个前提条件——公司的盈利虽然不稳定，但即使在盈利最差的情况下，公司也是赚钱的。如果是长期亏损的公司或者指数背后的公司，我们又该如何进行分析和估值呢？

方法很简单——那就是直接放弃吧。

第七章

懒人定投法，让赚钱更简单

个人投资者的最佳选择，就是买入一只低成本的指数基金，并在一段时间里持续定期买入。

——沃伦·巴菲特

通过前几章的介绍，我们对如何判断指数基金投资价值的主要方法已经初步了解，知道了采用什么方法来挑选适合自己的指数基金进行投资。

无论是使用盈利收益率法挑选那些流动性好、盈利稳定的品种，还是采用博格公式法投资那些强周期性行业和盈利变化快的品种，本质上都是遵循格雷厄姆所倡导的价值投资理念，寻找“便宜的好公司”。

从简单有效的角度来看，投资于这些低估值的指数基金，就可以大概率地避免较大的本金损失，而且获得不错的收益。

接下来，我们将重点介绍一种最适合普通投资者投资指数基金的方法：懒人定投法。

投资理财是非常个性化的行为，每个人的具体情况差异较大，涉及不同的年龄、职业、经济收入和家庭结构等，不可能找到一劳永逸的赚钱方法。比如说，年轻的上班族往往没有多少积蓄，生命周期处于快速上升阶段，那么定投就是最好的投资策略，一方面可以帮助上班族强制性地养成省钱储蓄的良好习惯，不再无节制地消费透支；另一方面把一部分收入拿来投资理财，获得额外的收益，为提前实现财务自由打下基础。

而对已经有了一定积蓄，想为将来养老提前做好准备的投资者，则需要对家庭资产进行合理计划和优化配置，采取动态再平衡的方法，可以按照“442 法则”，即将 40% 的资产投资于权益市场(比如股票或指数基金)，40% 的资产投资于国债或者短期债券，另外根据家庭的消费支出情况留存 20% 的现金，应对不时之需。

投资策略是没有优劣之分的，关键在于是否根据自己的实际情况制定和选择合适的策略，从而简单有效地持续赚钱。

一、什么是定投

顾名思义，定投就是定期对某种资产进行投资的一种方式。指数基金定投，就是定期投资指数基金的行为。如果没有特别说明，本章所讲的定投都是针对指数基金的定投。

比如，我们在领取工资的第二天，或者每个月挑一个固定日期，以固定的金额去投资一只指数基金产品。实际上，我们对定投并不陌生，最典型的例子就是我们每个月按时所缴纳的社保。

就定投本身而言，并不是获取投资最佳收益的方式，它是为那些“不熟悉资本市场，没有时间和精力去挖掘超越市场机会”的投资者设计的，其主要目标是达到某一类资产的平均收益率。如果我们在此基础上增加一些投资策略，可以获取相对“超额”收益。

一般来说，定投方式分为定期定额和定期不定额，也就是按照每期的投资金额是否固定来分类。其中，最简单的是定期定额，即在固定的时间、以固定的金额投资某一种或几种指数基金产品。这种定投方式最省心省力，每次金额相同，可以提前备足资金。

另一种是定期不定额的定投，虽然时间是固定的，但金额可多可少，这要根据市场随时发生的变化，以某种投资策略来改变，也就是在市场被热情高估的时候少投，在市场被冷落低估的时候多投，这种定投方式比较考验投资者的分析和判断能力。

华尔街流传着一句话：“试图在市场中准确地踩点入市，比在空中接住一把飞刀更难。”如果我们采取分批买入法，就可以在一定程度上弥补只在一个时间点买入和卖出的缺陷，分摊成本，避免了“一把梭哈”的风险。

总体上讲，定投最大的好处就是可以分批次进场，把投资成本摊平，分散了可能买在高岗上被套牢的风险，然后在相对高点落袋为安，真正实现“低买高卖”的投资收益。

由于定投起点低、方便简单，所以也被称为“小额投资计划”或“懒人定投法”。我们来简单算一笔账，就会知道定投的收益非常惊人，详见图 7.1 所示。

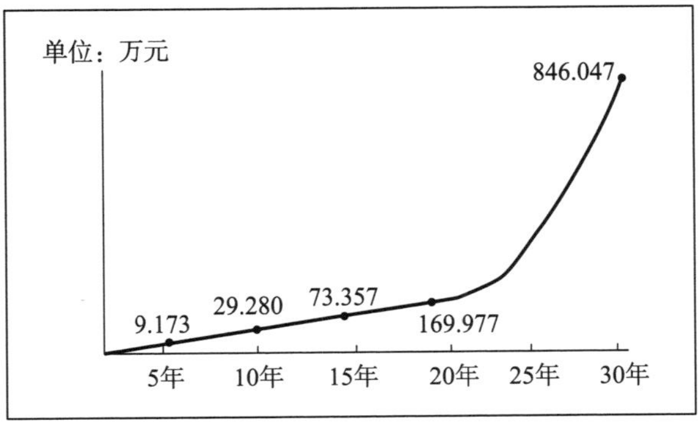

图 7.1　每月 1000 元定投指数基金回报

注：按每年 15.8%的复利计算，计算结果保留到小数点后三位。

这个“滚雪球”式的复利收益看着就让人眼馋，但在开始定投之前，需要做好两个准备：

第一，调整好心态和预期。

定投是较长期的投资，短期的效果不明显，而且极有可能亏损，一旦选择了定投，就要有长期作战的信念；另外，从收益来说，定投也无法赚取远超市场的超额收益，只能获取市场的平均收益，因此，如果你试图急功近利，或者想短线投资赚大钱，那定投这种方式并不一定适合你。

第二，确保持续投入现金。

一般来说，定投的时间跨度较长，在长达数年的投资过程中，我们需要不断地持续投入资金，现金流稳定和充足很重要，这也是定投计划的根本保障。

（一）定投有哪些优势

定投是一种投资方法，它所对应的是一次性投资的概念。除了在市场整体一路高涨的情况下定投的收益低于一次性买入之外，其他如在市场一路下跌、先跌后涨、频繁波动等状况下，定投的回报率均好于一次性投资。

此外，定投还有很多好处。

1. 投资门槛低

对许多上班族或投资“小白”来说，总以为投资理财不仅复杂而且需要大笔资金，其实不然，指数基金定投就是门槛低、收益稳健的代表。

为什么呢？大多数指数基金只要几百元就可以开始定投了，不会影响投资者的生活。分批次小额投入，每一笔成本有高有低，长期下来买入成本就被摊平了。

相对而言，比起银行理财的 5 万元门槛、房地产投资的数十万元首付，定投指数基金的门槛低得多，而且，它还能提供长期的“躺赚”收益。

2. 养成存钱习惯

每个月存点钱并不难，难的是坚持几年甚至十多年，如果能长期坚持，就已经打败 80% 以上的人了。对刚工作的年轻人尤其是月光族来说，定投还有一个非常好的属性就是强制性存钱，长此以往，积少成多，帮助自己不知不觉地攒下第一桶金。

同时，这种投资方式也可以培养良好的理财习惯，因此指数基金定投最适合的就是用作养老金、子女教育等未来大额资金支出。

3. 避免选错买卖点

每个人都想低买高卖，但事实上没有谁能够准确地预测市场走势。大多数人在投资上亏损往往都是承受不了剧烈的波动震荡，判断失误，往往买在“高岗”上，卖在“断崖”处。

定投对投资时机的选择要求不高，可以避免选错买卖点，每个月只需要在固定的时间投资即可，并不需要我们费心劳神地选择买入时间点，甚至可以做好定投计划自动执行(限场外)。

在股市里，一旦投资者看好哪几只股票，基本都是直接半仓以上杀入，这对缺乏投资经验的“小白”来说是相当危险的，即使股市老手也难免被套。想一想，2018 年上证综指从 3500 多点跌落到 2300 多点，有多少人被深深地套在漩涡之中呢?

指数基金定投由于分批入市，且定额投资的特性，注定不会出现持仓成本长期过高的现象，从而大大减少了被深套的风险。

举例来说，当“情绪化”的股市价格在短期内呈现“断崖式”下跌，最终缓慢回升为高位的时候，收益率会比单一的下跌或者回升阶段更高，但无论何时选择入市时机，只要股市最终回归正常价值点或者高峰点，在长期的定投过程中通过降低单位持仓成本，之前定投厚积的份额就能为你带来丰厚的回报。无论是宏观经济，还是股市状况，总体向上的趋势是大概率事件。

4. 波动越大，收益越高

绝大多数在股市里折腾的人天性都喜欢追涨杀跌、随波逐流，容易对各类消息过度反应，但选择了指数基金定投的方式，无论是价格上涨还是下跌，都会心中暗喜；上涨了自然好，跌了就会买入更多的份额，只要成本不断被拉低，等市场回暖后就可以再赚一笔。

比如说，第 1 个月从 30 元涨到 60 元，2 个月后又跌到了 15 元，然后又涨回到 30 元，这一跌一涨之间，短短的 4 个月时间就实现了 12. 5% 的收益率(即约 42% 的年化收益)。而实际数据中股市的波动其实远没有这么大，如 2007 年至 2009 年定投的年化收益率为 5. 38%，2007 年至 2014 年的年化收益为 9. 6%(不含货币时间价值)。

另外，在市场波动起伏过程中，如果发现了更好的投资标的，自己可以根据盈亏情况选择继续定投或者退出改投，也就是迅速调整投资组合。

定投最明显的优势是不受主观情绪影响。许多情况下，伴随着股市的整体下跌，当指数基金进入低估的时候，也正是市场处于长时间熊市的时候，面对下跌，坚持投资，有助于我们养成这种纪律性。

（二）定投原理：微笑曲线

指数基金定投是一种很简单有效的投资方式，在时间的催化下能够收获不错的收益。

我们都知道，市场永远是跌宕起伏、涨涨跌跌的，尤其是国内的 A 股市场，因为散户占据了 80% 的数量，基本上就是一个长期震荡、偶尔爆发的市场，即所谓的“牛短熊长”。在 2005 年至 2018 年，股市走出了两个大高点、数个小高点以及超级多的曲折波浪线。在不同的高点之间大致能描绘出一条下凹的曲线，像一个微笑的嘴巴，这就是很多人都听说过的定投微笑曲线，见图 7.2 所示。

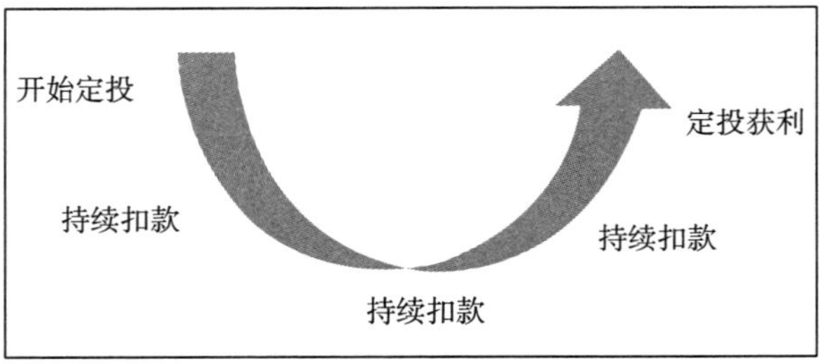

图 7.2　定投微笑曲线

一般来说，定投在前期都是要面临小幅亏损的，在基金净值下降的同时积累更多的份额，最后才能摊薄成本获取收益。如果市场从中高点开始走出一波先下跌后回升的行情，就构成了我们所说的“微笑曲线”，这个时候，也是最考验投资者心态和耐性的，很多亏损的投资者因为承受不了风险而选择忍痛割肉。

但实际上，投资者如果一直坚持按照最初的计划进行投资、扣款，那么在市场缓慢跌到低谷时，就能以较低的成本获取更多份额，摊薄成本；当市场开始上涨时，就将能够获得更多盈利。

为了更加简明直观说明问题，我们截取三段微笑曲线来进行分析，结果将会一目了然。这个过程中，我们选择每个月定投的方式并忽略了其间产生的交易费用，对比定投和一次性投资的收益情况，见图 7.3 所示。

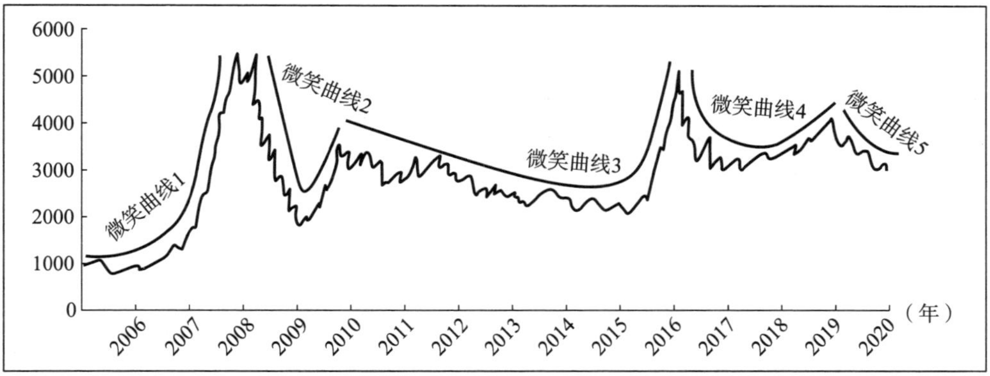

图 7.3　2005—2019 年沪深 300 指数定投微笑曲线

1. 第一段“微笑曲线”

2005 年 4 月至 2007 年 10 月两年多时间里，市场整体上涨，沪深 300 指数从 1003 点暴涨至 5008 点，区间涨跌幅为 486%，一次性投入年化收益率为 101.48%，定投年化收益率为 78.34%，见表 7.1 所示。

表 7.1　第一段“微笑曲线”收益比较

投资方式	期数	总收益率(%)	年化收益率(%)
定投	31	330.52	78.34
一次性投入	/	485.7	101.48

2. 第二段“微笑曲线”

2007 年 10 月至 2009 年 7 月近 2 年时间里，市场整体下跌，沪深 300 指数从 5008 点暴跌至 3735 点，区间涨跌幅为 -36%，一次性投入年化收益率为 -22.36%，定投年化收益率为 15.69%，见表 7.2 所示。

表 7.2　第二段“微笑曲线”收益比较

投资方式	期数	总收益率(%)	年化收益率(%)
定投	22	29.83%	15.69%
一次性投入	/	-36.46%	-22.36%

3. 第三段“微笑曲线”

2009 年 7 月至 2015 年 1 月 4 年多时间里，市场整体状况波澜不惊，沪深 300 指数从 3735 点跌至 3642 点，区间涨跌幅为 -2%，一次性投入年化收益率为 -2.49%，定投年化收益率为 6.05%，见表 7.3 所示。

表 7.3　第三段“微笑曲线”收益比较

投资方式	期数	总收益率(%)	年化收益率(%)
定投	66	37.63	6.05
一次性投入	/	-2.49	-0.46

事实上，以上几个微笑曲线的例子恰恰是 A 股非常真实的写照：牛熊交替、牛短熊长，而且一个周期的时间跨度至少要两三年，第三段微笑曲线更是从 2008 年金融危机后到 2015 年才走完，非常需要耐心，这也是为什么定投的最佳时间需在 3 ~ 5 年左右——这样才能大概率地覆盖完一个周期。

仅从这三段微笑曲线的对比我们就能很清晰地发现在整体市场上涨时期，采用定投的收益率比一次性投入所获取的收益率约低 25%；在整个市场进入下跌通道或者持续震荡的时期，都明显会比一次性投入获得的收益率要高，而国内 A 股市场绝大多数时候都是震荡市场。

摊薄成本、平滑风险是指数基金定投的最大优势，此外，它还会帮助我们建立良好的心态，不惧亏损，相反，在后续的定投中能够利用低谷和下跌行情收集更多的筹码，一旦市场出现快速上涨(可能会迟到，但从不缺席)，所获得的收益将是非常丰厚的——请相信，时间是投资最好的朋友，也是熨平波动的最好工具。

延伸阅读

基金定投：理论基础与分析方法

证券投资基金除了分红外，主要依靠基金净值的增长获利，因此申购和赎回基金时的基金单位净值决定了投资者能否获利以及获利的多少，如果申购时机不佳，基金运作处于市场较高点，且基金单位净值较高，基金净值增长乏力，投资者往往难以获利。定投则通过不断分批申购，使首次申购或某一次性申购的重要性大大降低，投资成本从单一时点变为长期平均成本，降低了基金申购时的择时风险。

这也是基金定投为何能规避择时难的原因：在定投中，当基金单位净值下降时，虽然已投资部分的市场价格下跌了，但由于新增投资的成本也下降了，因此总投资成本也不断下降；而当市场回升时，基金单位净值提升，只要超过平均成本投资者便可以获利。

基金定投的单笔投资成本计算公式是一个调和平均数，而调和平均数在均值不等式里是最小的(调和平均数不超过几何平均数，几何平均数不超过算术平均数，算术平均数不超过平方平均数)，这就是它降低平均投资成本，达到降低择时风险的原因所在。

表 7.4 中列举了降低定投投资成本的范例。从上到下观察每列数据会发现基金单位净值先下降后回升。在下降的过程中，由于每期单位投资成本降低了，可获得的基金份额数增加了，平均后的单位成本随之不断下降；而在基金单位净值回升过程中，由于已有多期投资，新增的投资占比越来越小，虽然单位净值提升了，然而整体投资成本的增加并不明显。因此，在基金单位净值上升的过程中，基金单位净值与平均投资成本差距越来愈大，投资收益也越来越高。在该范例中，若我们从基金单位净值为 1.000 元起投资，基金单位净值最低曾跌至 0.700 元，然而在单位净值回升至 0.910 元时，便已经实现赢利了。

定投由于固定投资金额，在基金单位净值增高时购买的份额数量就减少了，在基金单位净值降低时购买的份额数量就增加了，这种特有的“高时少买、低时多买”的优势能够起到降低单位基金份额购买成本的作用。

表 7.4　降低定投投资成本的范例

时期	单位净值(元)	当期投资份额(份)	持有份额(份)	累计投入资金(元)	平均成本(元)	累计收益(元)	累计收益(元)
1	1.000	1000.00	1000.00	1000	1.000	0.00	0.00
2	0.960	1041.67	2041.67	2000	0.980	-40.00	-2.00
3	0.930	1075.27	3116.94	3000	0.962	-101.25	-3.37
4	0.850	1176.47	4293.41	4000	0.932	-350.60	-8.77

续表

时期	单位净值（元）	当期投资份额（份）	持有份额（份）	累计投入资金（元）	平均成本（元）	累计收益（元）	累计收益（元）
5	0.700	1428.57	5721.98	5000	0.874	-994.62	-19.89
6	0.820	1219.51	6941.49	6000	0.864	-307.98	-5.13
7	0.850	1176.47	8117.96	7000	0.862	-99.73	-1.42
8	0.910	1098.90	9216.86	8000	0.868	387.34	4.84
9	0.950	1052.63	10269.49	9000	0.876	756.02	8.40
10	1.000	1000.00	11269.49	10000	0.887	1269.49	12.69

资料来源：华泰证券研究所

二、定投策略：时间与金额

在我们充分了解了指数基金定投的核心原理之后，具体到定投的时候，涉及两个重要因素，必须首先确定下来，一是定投的时间，二是定投的金额。

（一）定投的时间要多长

总体上来说，指数基金定投是家庭资产组合配置中经常采用的一种方式，基本上属于“标配”。由于定投原理并不复杂，操作方便，还能够强制性地养成存钱的习惯，只要坚持定投，长期看来都能获得股票市场的平均收益率，如果稍微掌握其中的一些技巧，在下行阶段持续买入，在大幅上涨后停止定投，最后获取的收益将远超预期。

定投是一个长期持续的过程，其要穿越牛熊周期，短则三五年，如果下行通道较长，则需要六七年。甚至有各种基金公司在做广告宣传时，一再强调每个月只需要投入数百元，坚持定投20年就可以获得一大笔财富，听着好像挺诱人，但你可能会有疑问，定投时间真的越长越好吗？到底多长时间最好呢？

我们要明白，定投的目的是均摊成本。比如说，你定投了10年，每个月定投1000元，那接下来的1000元就只是总投资的1/121而已，即使你最后的这1000元买在了最低点，能起到均摊成本的作用也很小。

进一步说，由于定投是分批入场，分散了一次性投资的风险，所以，没有必要在投资前选择“黄道吉日”（择时）。同样的道理，你的第一笔 1000 元投资点位的高低对今后总收益的影响也非常小，我们要找的，其实是一个相对较低的区域而已。

总体来说，要回答这个问题，还是要看定投的周期是否跨越了“微笑曲线”。

1. 历史数据回测

定投能赚钱的关键在于越跌越买，获取更多的基金单位份额，穿越“微笑曲线”。（“微笑曲线”一般是一段弧线，在市场的下行期间越跌越买，等到行情反弹到一个比较高的位置，就意味着赚取了不小的收益）

在 1990 年以来 A 股市场差不多近 30 年的历史里，大体上有 6 条典型的大微笑曲线，也就是经历了 6 轮微笑曲线周期，最短的曲线也有三年时间，见图 7.4 所示。

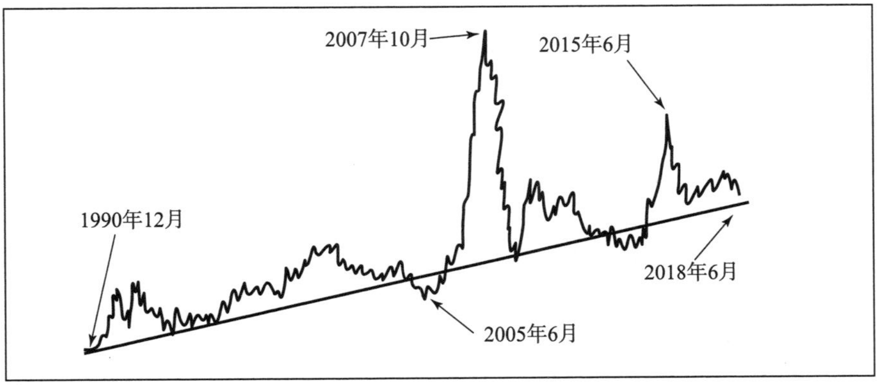

图 7.4　上证指数 1990 年 12 月—2018 年 6 月历史走势

（1）第 1 轮周期。

上证指数从 100 点的基准点起一路走高，一直走到阶段性高位。

这轮周期具有特殊性，不能算是严格意义上的“微笑曲线”，但的确是一轮公认的牛市，上证指数从 100 点一直涨到 1500 点左右，足足上涨了 14 倍。

这轮牛市用了差不多 3 年时间。

（2）第 2 轮周期。

这一轮周期上证指数从 1500 点高位逐渐跌到 360 点附近，跌去了 1140 点，几乎可以称为“断崖式”下跌，但没隔多久就开始触底反弹。

这轮反弹一直持续到 1997 年 5 月，此后上证指数重新站上 1500 点，这是一个相当完美的微笑曲线，也是严格意义上的定投周期，非常适合操作。

这一轮周期用了 4 年多时间，涨幅有 3 倍多。

(3)第 3 轮周期。

从 1997 年 5 月开始，上证指数一直震荡下跌，但随着宏观经济的企稳，股市走出了一波小牛市，尤其是网络概念股票推动指数一路上扬。

反复震荡了 4 年多，一直到 2001 年 6 月，上证指数上涨到 2242 点附近，指数涨幅实现翻倍，达到一个此前从未有过的新高位。

这一轮周期约 4 年，涨幅为 1 倍多。

(4)第 4 轮周期。

2001 年以后，上证指数开始了“滑雪橇”，进入了长长的下行通道。这一轮跌幅超过了 50%，惨不忍睹。

2005 年 7 月，上证指数“雪崩”，直接跌到了 1000 点附近。但也由此开始，开启了未来几年波澜壮阔的牛市行情。2007 年，上证指数势不可挡地冲上 6000 点，直接引爆了整个市场。

这一轮周期约为 6 年 4 个月，持续时间长，波动幅度大。

(5)第 5 轮周期。

2007 年大牛市之后，股市一地鸡毛。

这轮周期刚好又时逢 2008 年全球经济危机，经济疲软，一直持续到 2009 年 8 月，经济才开始回暖好转，带动股市复苏，上证指数不断上升，达到 3400 点的高位。

这一轮周期持续时间近 2 年，涨幅 1 倍多。

(6)第 6 轮周期：

2009 年 8 月后，上证指数一路震荡下跌，2012 年跌破 2000 点。“捂”了近 3 年多时间，股市才开始回升，在 2015 年 5 月一度冲到 5000 点上方位置。

这一轮周期从 2014 年开始蠢蠢欲动，持续了近 5 年时间。

从以上 6 轮周期来看，持续时间最长的为 6 年多，最短的近 2 年时间，都呈现出了完整的“微笑曲线”轨迹。定投既然要穿越牛熊周期，就要跨越“微笑曲线”买入持有，只要你能坚持不懈地定投，挑选的指数基金产品参照价值投资的基本面并持续下去，赚钱的概率几乎就是 90% 以上。这 6 轮周期实际上就提供和印证了一个很好的参考。

我们再以博时沪深 300 指数 A 为例做一个简单的回报测算。假设从 2010 年 9 月开始，每个月定投 1000 元，采用红利再投资方式，6 年下来，累计收益达到 45.46%，刚开始前 2 年都是在亏损，但亏损的范围在逐步缩减。所以在熊市时定投成本比较低，持续定投能获得较好效果。

定投虽然不必择时，但仍然会受到行情波动的影响，所以如果你在单边行情下跌后承受不了暂时亏损而选择忍痛卖出，那么就会把此前好不容易积累的收益全部亏掉，并造成真正的永久性损失。

同样以博时沪深 300 指数 A 为例，截至 2015 年 5 月，累计收益率达到 84.33%，如果我们一直持续投资到 2017 年 1 月，经过 2015 年暴跌之后，累积收益率只有 42.75%，详见下表 7.5 所示。这个结果也再次佐证，定投的收益并不是时间越长越好。

表 7.5　博时沪深 300 指数 A 基金每月定投 1000 元

起始时间	结束时间	定投时长	总收益(%)	年化收益(%)
2012.1.1	2012.12.31	1 年	4.87	4.87
2012.1.1	2013.12.31	2 年	-2.98	-1.5
2012.1.1	2014.12.31	3 年	53.53	15.36
2012.1.1	2015.12.31	4 年	62.99	12.99
2012.1.1	2016.12.31	5 年	46.66	7.96
2012.1.1	2017.12.31	6 年	74.13	9.68
2012.1.1	2018.6.30	6.5 年	51.75	6.63

2. 定投多久才合适

我们不妨以中证 500 指数来进行市场复盘，详见表 7.6 所示。

表 7.6　中证 500 指数收益率比较

标的	中证 500 指数				
	时间	开始盈利时间	牛市止盈时间	年化收益率(%)	累计收益率(%)
第一轮	2009.9.25—2010.11.5	1 个月	1 年 1 个月	18.61	18.61
第二轮	2011.11.4—2015.6.5	2 年 9 个月	4 年 2 个月	41.18	162.18

从表中第一轮定投来看，由于整个市场处于单边上涨过程中，1 个月就开始盈利了，盈利达到 2.35%，一年之后牛市止盈收益率达到了 18.61%。

而实际上，中证 500 指数从 2008 年 1 月高点 5376 点开始，9 个月后跌落到 1562 点，收益率达到底部为 -40% 多，然后从 2009 年 3 月开始反转盈利，而我们选取的中证 500 指数基金正好是在 2009 年股市上升时期开始定投，一个月后就取得了盈利，因此定投的时间点很重要。

再来看第二轮定投，中证 500 指数从 2011 年 11 月的相对高点开始，在 2012 年 8 月达到 3139 点，收益率底部为 -26.39%，2 年 9 个月后开始盈利，在 2015 年 6 月达到 11144 点，如果选择此时卖出止盈，年化收益率可以高达 41.18%，持续耐心的等待后终于等到了右上方转向上扬的“微笑曲线”。

因此，定投多久算合适几乎没有准确的答案，一般三四年基本可以实现盈利，当然，实际盈利情况还要看开始定投时的股市整体位置，是在大幅度上升的高位，还是持续下滑的低点。如果进入时机刚好处于上涨行情，盈利会很快；如果是震荡期行情，还得看波动的宽窄幅度，起伏大就可以实现赢利，幅度小就可能不亏不赢；如果处于熊市慢途阶段，股市一路下跌，就会一直亏损，需要坚持定投，耐心等待微笑曲线的到来，可能是三五年甚至更长时间。

指数基金定投赚钱的概率在 90% 以上，只是要做好充分的思想准备打“持久战”，在定投过程中可能遭遇 -20% 以上，甚至 -30% 以上的亏损。如果要把暂时性的波动损失变为盈利，就需要持续定投，不断积累更多的单位份额，坚持穿越完整的微笑曲线，耐心等待牛市的重新来临。

(二) 定投金额和频率如何选择

定投时间的长短基本上搞清楚了，接下来的第二个问题是：定投的金额和频率该如何确定呢?

1. 定投金额多少合适

这个问题因人而异。指数基金投资一轮周期大约需要 3 年以上，当然这是一个平均值，但我们要为此做好“持久战”的思想准备，明确定投的钱一定要是“长钱”，不能借债投资，这样才有充分的时间来穿越“微笑曲线”。

如果定投的钱是希望作为未来的养老金，或者子女教育金的储备，那么可以根据需求测算出从现在开始，每期需要拿多少钱做定投才能在约定的时间实现既定的财务目标如预期每年 8% ~ 10% 的投资回报率（预留空间）。

如果定投的钱在这 3 年里会用到，那就会在很大程度上影响我们的投资，所以，定投的金额不一定要大，合适最好，不能影响到自己的日常基本生活开支，也不致后期由于生活所需被迫卖出。

具体到每个投资者，每个月能拿出多少钱来进行投资取决于每个月能剩下多少钱，毕竟每个人的收入和开支都是不尽相同的。

一般情况下，我们建议刚开始定投的时候，以每个月工资收入的 5% ~ 10% 为宜，其余的钱留出一部分作为备用金，随时应急，当然，在投资过程中，可以根据收入的变化和收益的积累情况随时进行调整。

实际上，根据每个月收入来设计定投比较简单，这也是最轻松的定时定额法。但如果要将指数的变化考虑在内，则可以用下列公式进行调整：

计划定投金额 × 期初指标数据/当前指标数据 = 投资金额

举例来说，如果计划每期定投 1000 元，开始定投时综合指数为 2500 点，过了几个月后指数上升到 3500 点，那么定投金额可以变化为 1000 元 × 2500 点/3500 点 = 720 元。这个公式的目的就是随着市场行情的上涨，在投放量上相应减少，从而控制风险。

若已经有一笔闲钱打算进行投资——也就是存量资金的投资比每个月拿到工资定投要相对复杂些，在思路上，可以将拟定投的存量资金划分成 N 份，投完之后再转成每个月收入继续定投。比如，将 10 万元分成 10 个月定投，每个月投 10000 元，从第 11 个月起转为工资收入接棒，每月定投 1000 元。

2. 定投频率多久合适

定投频率设计得花样繁多，有的按每天、有的按每周、有的按每月，还有的随心所欲。不过每天毕竟太频繁了，一般都会选择按周或者按月。

也许你会觉得分批次投入能分散风险，那每周都投入一笔钱分散风险的作用是不是比每月定投强呢？

我们以上证红利、中证红利和基本面 50 这 3 只指数基金来测算一下按周定投和按月定投的收益率差距(注意，这不是定投收益率，是“按周定投”和“按月定投”的收益之间的差距)，详见表7.7所示。

表7.7 “按周定投”和“按月定投”之间的收益差距

不同定投频率 收益率差距	上证红利(%)	中证红利(%)	基本面50(%)
定投3年	6.8	4.2	3.7
定投5年	0.32	0.2	0.02
定投7年	0.19	0.3	0.03

从表中可以看出，如果定投时间越短，选择按周定投和按月定投的收益差距就会越大；但如果定投时间拉长，两者之间的差距就会缩小，所以，从收益的角度来看，定投的频率对最终的收益影响不大。

在我们推荐的长期定投中，投资频率的长短与实际投资效果相关性不大，对此不必太纠结。但如果投资周期过短，可能导致操作频繁，从而耗费更多的费用和时间。

实际定投过程中，有两种情况可以重点把握一下：

(1)牛市降低定投频率。

2006年8月至2007年10月，A股市场经历了大幅上涨的牛市行情，如果在这个时间段内每月定投800元购买了鹏华中国50混合基金，最终基金份额为4955份，而采用每周投入200元的方式，最终基金份额为4853份。所以在牛市阶段，选择按月定投的方式分摊成本的效果更好。如果市场处于慢牛缓升的状态，可以选择按月定投即可。

(2)熊市提高定投频率。

2007年11月至2008年11月，A股市场经历了一波跌跌不休的熊市，如果在这个时间段内每月投入800元购买鹏华中国50基金，最终基金份额为3246份，而采用每周投入200元的方式，最终基金份额为3308份。所以在熊市阶段提高投资频率效果会更好些。

其实任何情况下，最后决定定投效果和收益的归根到底还是所选指数基金产品本身的业绩表现，定投的周期、频率这些小技巧，都无法起到决定性作用，回归价值投资的基本面才是做投资的根本。

三、定投中，是否需要止盈止损

通过上面的分析，我们知道指数基金定投的收益率并不是越长越高，而是有着明显的波动。

我们也反复强调，指数基金定投最好是能经历一个完整的牛熊周期，也就是穿越“微笑曲线”（至少三四年或者五六年），这样才能最大限度地分摊成本，平滑风险，确保最后大幅获利。

实际上，这种方式也有一个重要前提，就是所选择的这只基金本身没有问题。如果在投资过程中发现持有的基金产品在市场大涨时涨幅远远低于其他同类基金，甚至不升反跌，长期来看充满了太多不确定性，那么可以考虑选择其他基金，重新进行资产配置，及时止损。

当然，如果你刚开始投资，每天一看账户上都是浮亏的，且价格一时半会儿在低位涨不上去，就选择把它卖掉，等市场反弹进入了“微笑曲线”的右侧区域，你就只能悔青了肠子。

如果是选择中期定投的话，平均成本会随着进入时机的不同而差异较大，比如，在市场低谷时进入的平均成本最小；上涨行情时进入的平均成本最高；下跌通道时进入的平均成本居中偏小。

但我们一再强调，对于穿越一个周期的长线定投来说，不必计较进入时机，要记住，影响收益的主要因素是退出时机；在定投时坚持投资纪律不能轻易退出，但当收益率已达到或者接近预期目标时，应理性地果断止盈落袋为安。

当然，正如并非所有人都能买在最低点，你也不太可能卖在最高点，最好是在微笑曲线结束时适可而止，分批次卖出及时止盈。如果一旦错过了这个止盈的节点，盈利就很有可能回撤，甚至一路下滑。但这种时候，我们也很容易犯下炒股时“追涨杀跌”的错误，很多人看到市场涨幅好都不愿意卖出或赎回，或者看到赎回后指数基金品种继续上涨而捶胸顿足。

我们不妨以富国沪深300增强指数基金为例，假设每月定投1000元：

从2014年8月开始直至2015年6月，指数一直呈现快速上涨的趋势，在2015年6月8日达到了股市触顶，如果在这之前选择卖出，收益率甚至能够达到109%，但如果此时选择继续持有，后期股市波动异常，收益率将会降至30%。

所以，在实际的指数基金定投操作中，要理性地遵循定投的定律——及时止盈，及时落袋为安。正如股市中有一句经典的话：不要爱上你的投资产品。

那么，指数基金定投应该如何止盈呢？

1. 估值法

指数估值水平是反映指数被低估或者高估的一个重要指标，尽管估值过高包括了市场情绪和对未来看好的因素，但股市永远都呈周期性变化，波动起伏，任何被高估的指数最后都会跌落下来或者实现“价值回归”，所以，我们可以根据当前指数估值在历史走势中所处的位置，如果确认偏高于中位数值，那就应该及时止盈。

值得一提的是，尽管目前估值法是止盈方法中最靠谱的一种，但它也有自己的缺点，那就是不能保证未来的规律和历史一致；而且，不同类型行业适用的估值指标也是不同的。

2. 确定收益目标

一般来说，我们建议在选择基金定投之前，根据自己的资产组合配置和基金的品种以及所处市场整体环境设定一个收益目标，比如20%、40%等，一旦达到收益目标后便要开始分批卖出或赎回，然后重新进行基金定投组合。

切记，追涨杀跌是导致最后亏损的陷阱，投资务必要抵抗住贪婪的人性。

3. 指数点位法

指数点位法是一个相对可操作性比较强的方法，我们可以通过对指数的估算，比如上证指数3500点被认为是大盘的价值中枢，经过一段时间的份额累积，可以在4000点位置以上逐渐减少定投额，并开始分批卖出或赎回，指数越涨卖出的应越多。

以上是止盈常用的三种方法，每种方法都有利有弊。当然，在实际投资的过程中这三种方法可以相互结合，待把收益收入囊中后及时撤离，而不至于陷入被动。

记住，指数基金定投的黄金法则是止盈不止损。

四、定投中五个误区

指数基金投资省心省钱、长期复利已经是众多投资者的共识，可是同样是投资指数基金，甚至投同样的一种指数基金，有人赚得盆满钵满，有人却屡屡亏损。为什么？问题可能就出在投资实战操作中。

对此，我们整理归纳了指数基金投资中容易出现的几个误区。

（一）定投中追涨杀跌

追涨杀跌是我们在所有投资中最容易犯的错误，这主要是基于人性的弱点：因为“贪婪”，看到上涨就按捺不住想入场分一杯羹；因为“恐惧”，看到下跌就担心行情还会继续，所以不敢进场或者一跌就卖。

1. 上涨后要不要追加

基金净值上涨了，也就意味着价格更高了，这个时候贸然买入会拉高持有成本，而且如果后期上涨的持续性不够，这种短期涨势就是“昙花一现”。如果净值上涨是指数基金本身引起的阶段性上涨，增强型指数基金可以理解为是基金经理选股的成功，而对于被动型指数基金，往往会出现跟踪误差变大的情况，此时的上涨则是不可持续的。

如果净值上涨是指数上涨引起的，也要对指数估值进行分析判断：如果指数估值较低（行业指数还应关注行业盈利是否稳定等），那么未来上涨空间较大，上涨趋势可以持续，这种时候就可以适度增持；但如果指数估值的百分位已经比较高了，那么很可能是“最后一波“，不仅不应加码反而应该开始止盈，分批卖出。

2. 下跌后要不要止损

投资的指数基金如果突然下跌，应该首先分析下跌是由于市场整体行情不好导致指数下跌引发的，还是基金本身的问题引起的（比如被动型指数基金的跟踪误差突然变大，增强型指数基金挑选的成分股中有的股票出现了爆雷等），如果是后者，那么确实应该考虑卖掉止损；但如果是市场整体行情不好而导致的指数下跌，比如沪深 300 指数因为新冠肺炎疫情影响而持续下跌，那么未来一定会“价值回归”。请记住，市场永远是呈周期性变化的，没有只跌不涨的市场，随着指数的底部不断抬升，再加上 A 股板块轮动的特点，指数终将迎来自己的春天，这也是我们强调指数基金要长期投资的原因——这个时候应该继续持有，不仅不能忍痛割肉，而且还要考虑逢低加仓的操作。

(二)净值越低投资价值越大

一般来说，指数基金产品在首次发行时，基金净值为1元，随着申购赎回的变化和投资收益的不同，涨跌影响基金净值变化。

投资的本质是“套利”，也就是“低买高卖”赚取差价，但是在指数基金投资里并不是净值越低的产品投资价值就越大。指数基金投资的价值体现在后一段时间里净值上涨的可能性大、涨幅高。

为了直观地了解基金净值与其投资价值的关系，以金鹰基金为例，我们在其定期报告里挑选了两只投资类型、投资范围相同的产品进行了对比，简称为基金A和基金B，见表7.8所示。

表7.8　基金A和基金B的净值比较

基金名称	基金成立日	2017年12月31日单位净值(元)	2018年12月31日单位净值(元)	2019年9月30日单位净值(元)
基金A	2015/6/16	0.7780	0.5470	0.7500
基金B	2017/3/10	1.0171	1.0580	1.417

资料来源：金鹰基金定期报告，截至2019年9月30日

我们再来看看这两只基金的净值增长情况，见表7.9所示。

表7.9　基金A和基金B的净值增长率比较

基金名称	基金成立日(年/月/日)	净值增长率					
		2015年(%)	2016年(%)	2017年(%)	2018年(%)	2019年前三个季度(%)	成立以来(%)
基金A	2016/6/16	1.00	-26.14	4.29	-29.69	37.11	-6.48
基金A业绩比较基准		-13.75	-5.64	12.53	-12.69	17.40	-1.46
基金B	2017/3/10			3.54	4.02	33.93	15.37
基金B业绩比较基准				-1.53	-26.36	32.50	-1.55

资料来源：金鹰基金定期报告，截至2019年9月30日

从表7.8和表7.9可以清楚地看出，基金A在2017年12月31日单位净值为0.7780元，基金B在2017年12月31日单位净值是1.0171元，但两只基金在随后的2018年度的净值增幅分别为－29.69%和4.02%。由此可见，基金净值越低，并不意味着投资价值就越大。

（三）定投时间越长越好

定投时间越长越好，这个问题基本上可以算是指数基金定投中最大的一个误区，就是认为一个指数基金品种好就应自始至终去投资，不管价高价低，美其名曰“懒人躺赚”，但这种想法实际上并不一定合理。打个比方，超市卖苹果一斤五元可以接受，但如果突然有一天涨到二十元一斤，那我们自然就不会去买了，或者改买柑橘了，这容易理解。指数基金也是如此，如果变得越来越贵了，那么它的投资价值就会下降，呈负相关关系。

严格说，定投是一种以时间换空间的投资方式，时间的长短的确会影响最终的投资收益，但并不是一直都处于适合定投的状态。为了直观说明这个问题，我们仍然以金鹰基金所做的定投上证综指为例，列举出定投收益的变化，见表7.10所示。

表7.10　定投时间—收益率比较表

连续定投时长（年）	总收益率（%）	复合年化收益率（%）
1	23.02	45.00
2	3.21	6.20
3	－18.09	－33.06
4	－10.86	－20.50
5	－14.05	－26.32
6	33.60	72.80
7	39.36	86.63
8	19.99	41.99
9	24.94	53.16
10	－6.58	－12.77

资料来源：wind，截至2018年12月28日

提示：以上测算定投开始日期为2009年1月23日，采取月定投的方式，每次定投1000元。收益率计算公式为（期末总资产－投入总本金）/投入总本金，未考虑交易费用等成本。本测算不作为任何收益保证或投资建议。

从表中可以看出，并不是不管不问地持续定投的时间越长，最终的总收益就越高。指数基金买贵了，我们想赚钱就困难了。所以应该在指数基金便宜的时候去买，而不是贵的时候去买。

至于如何确定定投的具体时间长度，应该采用如本章第三节所讲到的三个止盈方法，在达到自己设定的收益目标后进行卖出或者赎回操作。

（四）定投的基金种类越多越好

说起投资，有一句很有名的话：不要把鸡蛋放在同一个篮子里，这是在讲投资分散的重要性。对普通投资者而言，不应该用赌徒的心态去重仓押注某一只指数基金，所以定投的时候可以多选几个品种。但是，这也并不是说定投品种越多越好。这主要有以下两个原因：

1. 不少指数同质化程度高

“不要把鸡蛋放在同一个篮子里”后面其实还应加上一句话：但也不要放在太多篮子里。

严格来说，指数基金和货币基金一样，都是同质化的基金产品。虽然有增强指数型基金、ETF联接等，但是真正的差异并不大。

比如上证综指、上证央企50ETF、中证500、深成指ETF和上证180公司治理，甚至有沪深300指数分级基金。尽管如此，除了中证500指数之外，其余很多品种也跟传统上的沪深300指数有所重合。

2. 部分基金存在相同的风险

同时也要注意“多个篮子放在同一条船上”，即分散定投的指数基金产品都是跟踪同一个指数，比如，有的投资者在选择基金产品的时候很纠结，感觉中证500指数不错，但不知道具体该选择哪一只基金产品，因此同时买入了好几只。这种做法看似分散了投资风险，其实还是集中在跟踪同一指数上的，“鸡蛋”还是放在了一个“篮子”里，只不过具体的产品不一样而已，还都是同涨同跌的。其实组合投资的大原则是投资相关性低的指数，重点在指数而不是不同的基金产品。若在同一指数下挑选指数基金，可以将各基金产品进行对比，除了看业绩，还要观察跟踪误差、信息比率、基金规模、管理费用等，综合比较后择优选择一两只即可，不必太多。

（五）新基金产品不适合定投

在投资指数基金时，大家可能有一种直观印象，就是成立时间越长的基金越好，因为其既有历史业绩，也有长期投资经验积累，产品收益率似乎更有保障，所以往往都会选择老基金来做定投。

这种考虑有一定的道理，我们在前文中也提到，挑选指数基金产品定投时，尽量选择规模大一些、费用低廉、成立时间长点的，但这也并不意味着新基金就一无是处，不能定投了。

继续以表 7.8 中基金 A 和基金 B 为例来比较一下产品成立时间长短和业绩的关系。可以看到，这两只指数基金产品的成立时间相差了 2 年，但是其产品业绩并非与成立时间长短成正比关系，同时，这两只产品在 2019 年前三季度的收益差异不大。

应该说，指数基金产品的业绩在很大程度上跟所挑选的产品内涵和其具体的投资操作密切相关。比如说，行业/主题类指数基金主要受到行业周期、主题轮动、经济景气程度等影响，产品业绩与成立时间长短没有必然的关系。行业/主题类基金主要是围绕着约定的投资做细分化领域的专业投资，其跟踪的指数成分股也直接受上述情况的影响。所以，在选择指数基金定投时，应当综合考虑具体的基金产品的类型、投资范围、产品历史业绩、成立时间等。

可见投资时选择比坚持更重要，应根据自己的风险承受能力、预期收益率、投资周期等情况综合判断后再挑选出适合自己的指数基金产品。

所以，指数基金定投并非一劳永逸，不要过于死板，避免进入投资误区，才能让“时间的玫瑰”得以绽放。

五、找到合适的定投渠道

指数基金定投按照购买渠道的不同，分为场内渠道和场外渠道。场内渠道是指通过股票交易软件在证券交易所内进行买卖，方便快捷；场外渠道则分为银行、基金公司和互联网基金销售平台三类，通过它们进行申购赎回基金，程序相对复杂一些。

但总体来说，得益于互联网的飞速发展，我们如今要投资指数基金可以很方便地在电脑或手机上直接操作了。

(一)场内渠道与场外渠道的区别

我们都知道，指数基金定投就是定期定额买入指数基金产品，这个“定投”对购买渠道是没有任何限制的，也就是无论手动买入还是自动扣款申购，只要在固定时间买入相应的基金份额即可。目前，几乎所有的场内基金都没有“自动定投”这个功能，仍然需要手动定期买入来实现基金定投，但场外渠道定投指数基金则实现了定期自动扣款申购。

场内基金只能通过股票软件来进行交易，我们首先需要在证券公司开设一个股票账户，比如平安证券、广发证券、西南证券、东方财富等，可以直接下载 APP 网上开户，但创业板、科创板的开通需要满足资金条件和提交相应的资料。注意，开通股票账户的同时需要绑定已开的任意一个银行账户。个人股票账户开通之后，我们就可以通过证券公司提供的股票交易软件进行基金买卖了，操作过股票交易的投资者很容易上手，在购买程序、交易方式、交易时间等方面，场内基金投资与股票交易是一样的。

场外基金是通过第三方基金销售平台、银行、基金公司网站进行申购、赎回基金，比如蛋卷基金、天天基金、蚂蚁财富等，无需开设股票账户，有基金账户即可。可能是因为银行网点较多的因素，最普遍的场外交易传统方式是在银行柜台购买，也就是我们把钱存入银行账户，然后把场外基金的代码、需要申购的金额告诉银行员工，请其帮忙办理相关手续。

通过基金公司和第三方基金销售平台申购、赎回基金，就是通过官网上的直销系统进行基金的开户和交易，方便快捷，费率低廉。实际上，通过场外渠道定投指数基金的投资者可以先购买货币基金，然后从货币基金进行扣款定投，因为货币基金的收益率高于银行存款利率。

场内渠道和场外渠道各有特点，能够满足不同投资者的需求，不存在孰优孰劣的问题，主要区别体现在如下几方面：

1. 交易渠道

场内基金是在证券公司的交易软件上进行交易，一般称为买卖，也就是买进和卖出，买入的是其他投资者卖出的基金，交易方式和股票一模一样。场外购买基金通过银行、基金公司和第三方基金销售平台交易，一般称为申购和赎回，直接输入基金代码即可。

2. 投资门槛

场内基金买卖类似于股票，最少需要买 1 手，也就是 100 份额的基金，按照大多数场内基金净值为 1～3 元计算，100 手也就是 100～300 元。场外基金的投资门槛比较低，10 元起即可投资。

3. 交易价格

场内基金买卖时按照股票交易的方式进行，也就是根据供求关系，以实时撮合价交易，在交易日的不同时间交易价格是不同的，有机会买到低价。场外基金申购赎回是未知价，以基金净值为价格进行交易，一天只有一个价，只要在下午 3 点收盘前申购，统一按照收盘价计算。

4. 到账时间

场内基金实行 T+1 交易方式，即购买后第二天可以卖出，资金立刻就能返还到股票账户中，第二天可以提现。场外基金采用的是 T+2 的交易方式，即基金申购后第三天可以赎回，赎回后资金在赎回确认日的第三天到账。

5. 基金费率

这是一个非常关键的问题。

场内基金交易的费用和股票一样，不过 ETF 基金不需要缴纳印花税，只需要向证券公司缴纳佣金，一般是0.025%，也有更低的，但是佣金都有最低 5 元的规定。场外基金的费率相较略高一些，交易的费用包括申购费、赎回费、管理费和托管费等，而且银行、基金公司和第三方基金销售平台的费率也不一样，但第三方平台的费率可以最低 1 折起。另外，赎回费根据赎回时间的不同也不一样。场外基金申购费打折后一般是0.1%～0.15%，小于7 天赎回需要收取 1.5% 的惩罚费，8 天至 1 年赎回收取 0.5%，1～2 年收取 0.25%，2 年以上不收取，管理费和托管费都直接从基金净值中扣除了，不会额外收取。

6. 分红方式

场内基金的分红方式只有现金分红，是将现金直接划入投资者的股票账户。场外基金的分红方式更灵活，有两种：一是现金分红，二是红利再投资，也就是将分红直接转投指数基金。

关于场内基金和场外基金的优缺点，我们直接引用指数基金投资专家老罗的分析研究成果，见表 7.11 所示。

表 7.11　场内基金和场外基金对比表

	场内基金	场外基金
优点	①操作灵活，交易迅速，流动性好 ②紧跟指数，跟踪误差小，持仓透明 ③交易费用便宜，资金到账快 ④套利优势，价格波动出现折溢价套利机会	①自动定投，方便省事 ②场外基金品种和数量多，可选择面广 ③投资门槛低，10 元起即可投资
缺点	①手动定投，容易忘记操作 ②投资者情绪易受市场波动影响，追涨杀跌，进而弱化定投效果 ③场内基金数量和品种较少 ④很多场内基金产品流动性不足	①交易慢，以净值为价格交易 ②资金到账速度较慢，一般需要 2 ~ 3 天

资料来源：公众号：老罗话指数投资

(二)场内渠道的定投实操步骤

我们都知道，场内基金的“场”是特指证券交易所的交易大厅，但以前那种人声鼎沸、拥挤不堪的现象已不存在了，因为现在我们可以通过证券公司的 APP 交易软件来交易。

正如前文所讲，场内渠道必须首先在证券公司开通股票账户，同时绑定一个已开银行账户，通过 APP 页面上的“银证转账”，存入一定金额的资金，以待机会入场。此外，如果是一枚投资小白，还需要知道股市正常交易的时间，否则无法操作。

一般来说，股市正常的交易日是除开节假日的周一至周五。每个交易日的具体交易时间内地 A 股是上午 9：30—11：30，下午 13：00—15：00；港股(含港股通)是上午 9：30—12：00，下午 13：00—16：00，另外还有竞价限价盘和增强限价盘的时间。

接下来，我以实例方式对操作步骤进行讲解。坦率地讲，我的指数基金投资(包括定投)几乎都是通过场内渠道方式进行交易的，在此，关于场内指数基金操作步骤演示，我使用的是其中一个在广发证券的 APP 交易软件，以投资易方达中证 500ETF 这只指数基金为例，操作步骤如下。（如果大家使用的是其他券商的股票交易软件，操作流程上也是类似的）

第一步，在手机上打开股票交易 APP 软件，登录，如图 7.5 所示，点击中间的“银证转账”，再点击“银行转证券”，即可按照需要金额把银行账户里的资金划入股票账户。

第二步，如果股票账户里已经划入了需要的资金，则可以在首页直接点击“买入”一栏，然后在“股票代码或简拼”搜索框里输入需要买入的指数基金代码或者名称，这里是以易方达中证 500ETF 为例，输入代码“510580”（图 7.6）。（ETF 是交易所交易型基金，是场内基金的一种）

第三步，在买入页面中，根据自己的资金计划安排，输入准备买入的份额。价格是自动输入好的，等于“卖 1”的价格。在右侧的上方可以看到，卖 1 价格为 6.861 元，如图 7.6 所示。

图 7.5　广发证券 APP 界面截图

图 7.6　买入中证 500 步骤二、三、四示意图

第四步，点击中间醒目的“买入”，进行买入操作。

第五步，点击买入后，页面上会立即弹出一个“委托买入确认”和相对应的股东账号等窗口，如果确认买入的基金代码和份额没问题，则可以点击“确认买入”，如图 7.7 所示。然后，系统也会弹出提示信息，显示“委托提交成功”。注意，这只意味着成功提交了买入申请，并不意味着已经成功买入了。

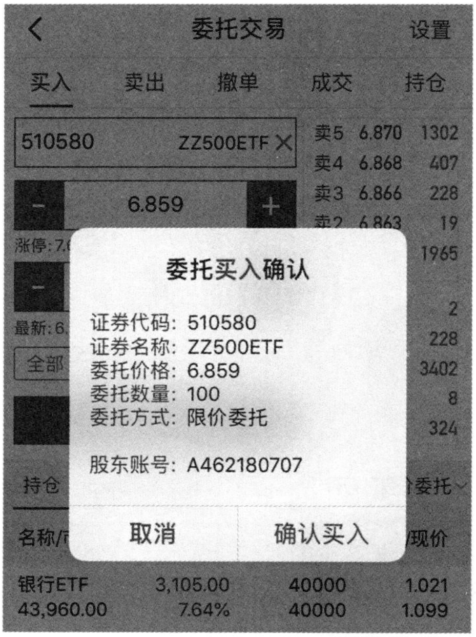

图 7.7　买入中证 500 步骤五示意图

第六步，页面上方分别有买入、卖出、撤单、委托、持仓等小栏目，点击“委托”，可以看到当日委托后面注明了“已成”，这才表示成功买入了 100 股易方达中证 500ETF，成交价格为 6.859 元。

至此，本次指数基金投资完成。卖出基金的步骤与买入差不多，只是选择的是“卖出”这一项进行操作。

是不是很简单？细心的朋友也许还会问：图 7.6 右侧上方显示的“卖 1、卖 2、卖 3、卖 4”等，以及中上方显示的“买 1、买 2、买 3、买 4”等分别是什么意思？

通常情况下，股票行情软件都会在你输入打算买入某只基金产品代码之后分别显示这只正在交易的基金产品买、卖各五个价格，即“卖 1、卖 2”及

“买1、买2”等，这也就是在同一时间可以看到5个买入价格和5个卖出价格，未成交的最低卖价就是“卖1”，未成交的最高买价就是“买1”，其余类推。

场内交易是撮合交易，当买家和卖家出价一致的时候就会立刻成交，也就是有人愿意用“卖1”的价格来卖时，有人如果愿意以“卖1”的价格来买，就会立即成交，其余“买1”等，也是同样道理。

这个问题不必太纠结，因为在我们输入打算买入的指数基金代码和具体份额后，价格会自动计算好的，等于“卖1”的价格。当然，无论是买入还是卖出，你都可以自行输入自己理想的价格，但前提是必须有人愿意以这个价格卖出或者买入。

（三）场外渠道的定投实操步骤

场外交易渠道很多，比如可以在银行、基金公司、第三方基金销售平台等进行申购和赎回，借助互联网和智能手机等工具，这些操作都可以足不出户即可完成。相对来说，目前费率较低、操作方便的是第三方基金销售平台。

我们先来看看这三种场外渠道的指数基金定投各自有什么优缺点。

1. 银行定投

有两种方式：一是携带身份证和银行卡直接到网点理财专柜，找银行工作人员帮忙开通基金账户，签订定投协议，购买银行代销的基金定投产品；二是可以通过网上银行开设基金账户，开始定投计划。

此类方式的不便之处在于如果此前没有在银行进行过投资理财，在网上开通基金账户后，仍然需要到银行网点去做投资者风险测试后方能进行操作。另外，通过银行渠道申购赎回等交易费率较高。

2. 基金公司定投

一个基金公司只能开设一个账户，而且只能购买这家基金公司的产品，有一定的局限性。如果你想投资其他品种的指数基金，需要分别去不同的基金公司开设账户申购。一般来说，我们投资指数基金产品应该选择两三种不同类型、关联度较低的品种，所以基金公司定投很麻烦。

3. 第三方基金销售平台定投

不同的平台操作细节不同，但大都类似。常规的流程是这样的：先注册开户，绑定一张银行卡，登录之后进入基金定投页面，之后就可以选择中意的基金产品进行定投。终止定投也可以直接在平台上选择终止键操作。

相比之下，这三种基金定投场外渠道中第三方销售平台操作最方便，选择面也较广；最关键的问题是费率，银行柜台最高，基金公司和第三方平台的折扣最大，申购费可以做到一折起。

接下来，我们以经常使用的天天基金网平台为例，配合投资华宝标普中国 A 股红利机会指数 A 这只基金，来演示具体的交易操作步骤。其他基金平台如蛋卷基金、广发基金、蚂蚁财富等，在操作上大同小异。

第一步，进入天天基金网 APP 后，点击上方的搜索框，查找想要申购定投的基金，如图 7.8 所示。

第二步，在查询框中输入代码“501029”，点击“华宝标普中国 A 股红利机会指数 A”，如图 7.9 所示。

图 7.8　场外基金买入步骤一

图 7.9　场外基金买入步骤二

第三步，进入基金页面后，点击左下角的“购买/定投”按钮键，然后选择“定投”，如图 7.10 所示。这是场外基金的自动定投功能，根据自己的定投计划，设置定投的时间和金额，以后就由系统自动买入，当然也可以随时选择当期是否需要暂停。

第四步，进入定投设置界面，输入准备申购的金额，如图 7.11 所示，选择付款方式，确保每期有足够的金额可以扣款；输入每期定投的金额，比如 200 元；确定定投周期和日期，如按月定投，每月 8 日买入；最后进行确认，就完成买入操作的全部步骤了。

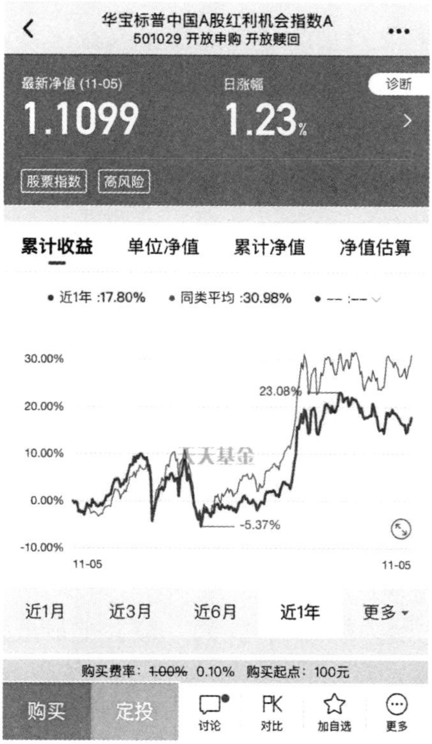

图 7.10 场外基金买入步骤三

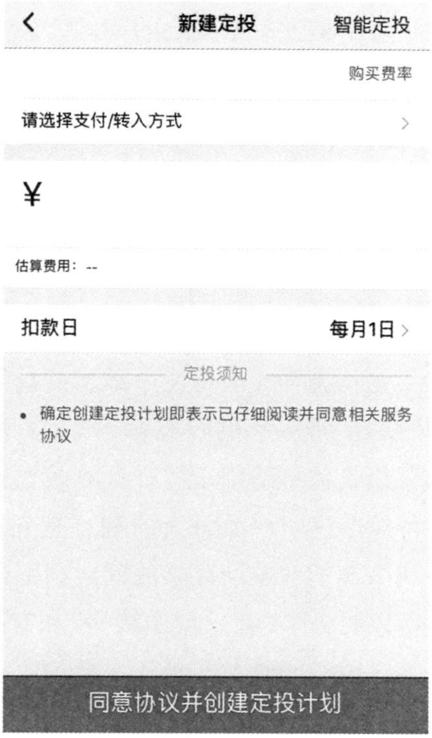

图 7.11 场外基金买入步骤四

场外基金的赎回操作也类似，步骤不多，熟能生巧。

场外基金的申购赎回需要注意的是交易时间的选择。场外基金的净值价格在交易日当天下午 3 点进行更新，如果在当天下午 3 点前申购，按照当天的净值在第二天的交易日确认；如果在当天下午 3 点以后申购，则按照第二天交易日净值在第三天的交易日确认；周五下午 3 点以后及周末申购，情况类似。尽量选择在交易日的下午 3 点前申购，以免受到市场波动影响净值，也避免了资金闲置。

场外渠道也有自动定投和手动买入两种方式，如果按照前文所讲述的“在低估的时候定投指数基金”原则，那么我们就需要通过手动买入的方式来进行操作，虽然麻烦一点，但效果能更好。不过，手动买入非常考验投资者的心态，因为市场整体下跌的时候，很多人是不敢持续买入的。

六、定投的年复合收益率该怎么算

收益率是大家最关心的问题，但大多数人对此却有点懵。收益率涉及总收益率、一次性投资收益率、年化收益率、年复合收益率等等指标，一想到这些概念要引入大量的数据计算，不少人就头疼。

实际上，我们在银行的存款利息、投资理财等都会涉及收益率，相较之下，由于定投采取定期定额或定期不定额的方式进行投资，因此收益率计算起来稍微有些麻烦。

（一）定投的年化收益率

年化收益率几乎是使用最多的计算方式，它实际上就是把不同周期的收益率“换算”成一年的收益率。

年化收益率适用于按日计算收益的投资型产品，比如银行理财、支付宝等各种短期理财产品每天的利息是变动的；不会一成不变。每天的利息不一样，利率就不像定期存款的固定利率计算那样简单。

所以，为了“在想象中统一”和“简化脑力想象”，我们一般会把最近几天或是某一段时间收益与投入本金的比率换算成年利率，就形成了年化收益率。

通常情况下，银行的存款利息基本上是规定好的，比如定期、活期都是银行按照银保监会的规定来拟订规则，除了政策临时调整，一年内几乎是固定不变的，即每天的利率和以年为单位计算的年利率是不变的，所以也就不需要“年化”。

打个比方，我们以一年为单位在银行存入 10000 元，每天收益 1 元，则日收益率为万分之一，换算成年收益率是 360 天/10000 元 × 100% = 3.6%。需要注意的是，这里 3.6% 的利率是存满一年时间按照收益已知来进行推算的。如果此后利率调整，那年化收益率还得重新计算。因此从一定程度上来说，年化收益率是一个估算数字，而不是如定期那样是一个必须支付的利率，我们在投资理财时如果听到客户经理说年化收益率具体有多高时完全不必当真。

（二）定投的年复合收益率

先来举个例子：

假如我们每个月 28 号买入 1000 元，定投了 12 个月之后，持有 13000 元市值的指数基金，那么，定投的年复合收益率是多少呢？有读者会这样计算：(13000 元 − 12000 元)/12000 元 × 100% = 8.3%。这是按照“(期末总资产 − 投入总本金)/投入总本金”的计算方式来推算的，那这种计算方式正确吗？

不正确。这种计算方法适用于一次性投资的总收益率，但无法准确地计算定投的年复合收益率，因为定投是每个月(或每周)分散投入的方式。这种容易理解，比如定投 12 个月，第一个月定投的资金已经投了 11 个月，但第十二个月投入的资金还不到 1 个月的时间，所以无法采用统一的计算公式。

从每天扩展到 1 年，我们叫年化收益率；从 1 年扩展到 2 年、3 年……我们叫年复合收益率。但年复合收益率的计算中有个预设的前提条件与年化收益率有差异，就是原来投入本金获取的利息不拿走，与本金一起计算次年利息，所以叫“复合”。

日常投资理财的年化收益率也可以叫单利，就是说以一年为限的，统一拿到一次利息，到期一次性还本付息，业务终止。

我们把这种本金和利息一起在来年继续投资的方式，引申为年复合收益率。这就需要使用 IRR 公式来计算定投的年复合收益率了。IRR 是一个计算收益率的公式，原理比较复杂，我们只要知道怎么使用就可以了。一个比较容易掌握的方法是用 Excel 表格中现成的 IRR 公式，就能够帮助我们快速计算出定投的年复合收益率，见表 7.12 所示。

表 8.12　以 IRR 公式计算年复合收益率的 Excel 表格

A	B	C
1 月	−1000 元	
2 月	−1000 元	
3 月	−1000 元	

续表

A	B	C
4 月	-1000 元	
5 月	-1000 元	
6 月	-1000 元	
7 月	-1000 元	
8 月	-1000 元	
9 月	-1000 元	
10 月	-1000 元	
11 月	-1000 元	
12 月	-1000 元	
期末总市值	13000 元	
总收益率	8.33%	(13000 元-12000 元)/12000 元×100%
月复合收益率	1.23%	IRR(B1：B13)
对应年复合收益率	15.74%	$(1+\text{月复合收益率})^{12}-1$

IRR 的计算公式为 $(1+I)^{N}$，其中：I=10%，N 为对应年数。这里要注意的是，用 IRR 公式计算出来的是月复合收益率，要记得换算成年复合收益率，也就是上表中最后一行。这就是我们定投指数基金的实际年复合收益率的计算方法了。IRR 收益率适合计算定期投资的收益率，如果投资日期不确定，可以用 XIRR 公式来进行计算。

(三)定投的长期收益率

如果我们不考虑买入的指数基金品种的综合情况，比如估值、盈利、周期等，坚持每个月按照固定的时间投入相同的金额，那么长期定投下来的年复合收益率和所跟踪的这只指数本身的平均上涨幅度差不多。

根据美国股市长期以来的表现，如果机械复制化地每个月买入相同金额的对应该指数，20 年长期定投下来的年复合收益率，也是和指数的上涨幅度非常接近的。

在国内 A 股市场上，尽管散户特征明显，受情绪等因素影响而导致波动震荡，牛短熊长，但从现在开始每个月定投相同金额，坚定地信奉价值投资理念，持续定投超过 20 年，收益率有可能维持在 10% ~13%，超过美股市场的 8% ~9% 的收益率。

两个市场收益率的差异在于国家所处的发展阶段、经济周期等不同。

正如前文所说，如果我们结合低估值，在价格低于内在价值的时候买入，那么定投的最终年复合收益率还会得到大幅提升，根据实践经验和最终效果来说，目前的 A 股和港股（尤其是 H 股）市场，长期来看值得持有。

退一步说，即便我们做不到只在指数被低估时定投，还可以采取“定期不定额”的方法——估值越低买入越多，指数估值修复时少买，高估偏贵时不买，那么年复合收益率还可以得到改善，达到 15% 以上也是可期的。

第八章

手把手教你做定投计划

指数基金是一种明智的、可用的方法，可以毫不费力地以最低的费用获得市场的回报率。指数基金消除了个股、市场和经理选择的风险，只留下股市风险。

——约翰·博格

通过前几章的学习，我们对指数基金投资的知识已有大致的掌握，相信已经战胜了不少投资"小白"，接下来，我们将用所学到的这些知识来为自己制定一份合适的定投计划，为自己开始参与投资提供参考。凡事谋定而后动，获胜的概率会大得多。

前文说过，投资理财是一个人贯穿一生的现金流管理，从来都不是某个阶段性的任务，不管当时有没有钱、有多少钱，我们在做指数基金投资前必须先有目标和计划。有了目标，才知道往哪里走；有了计划，才知道怎么样走。

我们身边有很多人挣得不多，花得却不少，三五年下来一点积蓄也没有，每到月底就穷得叮当响，就是因为他们做事缺乏计划，没有目标性。

有了计划，每一步做什么，要达到什么目标，自己做定投的行动是否有偏差都会一清二楚；有了目标，才能强制性地存钱，不会乱消费，慢慢就能节省很多资金；有了详细的计划，可以根据变化随时调整自己的定投方案，以达到最终赚钱的预期与目的。

必须提醒的是，指数基金定投的计划和目标一定要切合实际。比如，你打算把 10 万元的本金 3 年之内变成 30 万元，翻 3 倍，那么你需要投资年化收益率 66.7% 的指数基金产品，这个收益高不可攀，几乎是很难实现的。

一份完整的定投计划需要根据个人或者家庭的收入和支出来设定每个月定投的金额，挑选适合投资的产品，确定好买入区间，定期检查、调整优化，并把这些内容要素都一一记录在案，然后坚定地持续落实执行，最后这份计划才可能达到赚钱的效果。

即使不同的观念、收入、资源等因素导致我们所制定的定投计划有所差异，但一个合理的计划总要符合灵活性、波动性和保障性原则。

一、梳理自己的现金流

有句古话：手中有粮，心中不慌。在投资理财中，一定要谨记这个道理。

2020 年伊始，一场突如其来的"新冠"肺炎疫情导致众多企业在春节后不能正常开工，很多员工只能在疫情期间领取当地最低工资标准的 70%，每月约 1800 元左右，基本生活开支尚可保障，但对于那些习惯了挥霍的人来说，即使掏空了所有口袋也还不上透支的信用卡。

生活中，很多突发情况让人措手不及，所以投资之前也要有针对意外发生的应对预案。比如说，我们现在手上持有 20 万元的现金，打算未来一年内买房结婚，那这笔钱就不能纳入投资有一定风险系数的证券类资产的计划里。

指数基金属于股票证券类资产投资范畴，尽管中长期看来赚钱的确定性非常高，但短期内仍然存在一定的下跌风险，所以指数基金定投要做好至少 2 年以上的准备。

价值投资理念中有一条赚钱的核心要素，就是不惧波动，做到中长期持有，正如巴菲特所说：如果你持有一只股票不想超过 10 年，那你连 10 分钟都不要持有。

实际上，像股票、指数基金等证券类的资产，都会随着国家经济的螺旋式上升而增长，所以制定一个长期、可控的定投计划是最好的保障。

在做定投计划之前，首先应该针对自己或家庭的现金流进行梳理，但现实中经常遇到的情况是原本信誓旦旦地精心准备坚持投资几年，已经按照计划定投了几个月后却突然因为买车、旅游、买奢侈品等预算之外的冲动消费而“弹药告急”，挣扎一番后便暂停了定投计划，这样就前功尽弃了。

如果不梳理自己的现金流，稀里糊涂，不知道自己每个月有多少钱进账，柴米油盐、人情往来等花掉多少，没有养成记账的习惯，总是无所顾忌地超前消费，定投金额预设太高，一旦手头拮据便减少或暂停定投计划，怎么能最终赚钱呢？

所以，想清楚目标再做定投计划，准备好充分的资金再扣款，是定投计划实施前的必要条件。其实，许多不必要的支出都可以减少，比如胡吃海喝、为虚荣买奢侈品等的支出只要控制一下，这些不必要的消费就能省下不少钱。

不会赚钱不是你的错，但对钱不负责就是你的不对了。金钱就像你的爱人，你爱她，她才会爱你，因此，学会聪明地花钱是非常必要的。

（一）学会记账

存钱的第一要义就是记账，通过记账来控制自己每天、每月的开销，这样做的好处是知道钱都花到哪儿去了。

每个人的情况差异较大，可以根据需要选择适合自己的记账方式，笔记本或者选择一款好用的记账 APP 都可以。现在推出了很多记账类 APP，都可以自动统计收支比例以及每类支出的比例。

月底，可以查看自己用于吃饭上花了多少钱，用于化妆品上花了多少钱，用于K歌娱乐花了多少钱，等等。一个月的花销都记录在案，你或许就会发现自己可能在很多无所谓的地方浪费了很多钱。等待下个月的时候，就可以节约不必要的开支，把钱花在刀刃上。

记账的目的一是记录资产，二是记录支出。如果仅从行为上来说，记账本身并不会让你变得更加节省，但通过一笔笔的账目，至少能帮助你随时清楚自己的财务状况。

这里介绍一种定时记账的方法，也称为分时段记账，既方便又省时，比如：对于线上消费，可以采取五天同步一次账单的方法；针对现金消费，可以在每次取钱之后，马上记录，然后设定一个现金支出分类，在真正花现金的时候，就不需要每次都一笔一笔地去添加了。

不得不说，记账是一件很琐碎的事，有时候一旦忙起来就可能忘掉了，但坚持记账不仅可以锻炼我们的耐力，更重要的是能给我们带来很多好处。

1. 梳理自己的消费习惯，学会管理预算

不少人对自己的开销几乎是一笔糊涂账，一看到喜欢的东西就买买买，甚至很多东西还是重复购买，根本就不知道自己究竟花了多少钱。

记账后，会梳理清楚在每一类物品上的花销，给自己设置每月固定的预算的好处是下次当你看到自己想买的东西时就会冷静地想一想是否该买，是否把钱花在了真正需要的地方。

2. 了解可支配资产，为理财规划打下基础

简单地说，就是清点一下账户上哪些钱是余钱可以拿去定投，可以投资多久；把流动资产和非流动资产进行区分，负债类项目提上还款日程。

学会定投，就是每一分钱都不闲置，流动起来才能产生收益，比如次月才需要偿还的信用卡的资金可在还款日之前可用于购买货币基金，还款日前几天赎回即可，利用时间差赚取一笔小小的收益。

记账是开始定投的第一步必要动作，从形形色色的账单中，我们可以清楚地知道自己辛苦挣来的钱究竟花在哪些地方了，清楚哪些是日常生活的必要开支和非必要支出，找出生活中的“惯性消费”因素，从而更加理性地量入为出。

(二) 设定预算

预算也可以叫规划，就是根据以前的花费盘点制定出一个开支和储蓄计划，从而在一定程度上抑制过分膨胀的物欲。具体例子见表8.1所示。

表 8.1　预算表示例

品名	用途	选择说明	预算	实付	评估
小衣柜	客房使用	有挂衣功能和叠放当季衣服空间	680 元	570 元	性价比不错
总计			7600 元	5320 元	

很多人都有过这样的疑惑：我没买乱七八糟的东西呀，为什么每个月的开销这么大？逛个超市，买的都是生活必需品呀，怎么几百块钱就没了？

实际上呢？很多人都没有真正区分清消费时“必要”“需要”和“想要”的含义，这恰恰是需要通过做预算来控制的。

必要：维持基本生活的必需品，比如柴米油盐酱醋茶等。

需要：在“必要”的基础上进一步满足生活和情绪需求，追求一定的舒适度。比如，吃一个馒头可以饱腹，但去吃了一碗面；住一个单间足够安身，但是却买了一室一厅带独立厨卫的套房——单间是必要，套房就是需要。

想要：基本上可以定义为不必要的花销，即追求炫耀性的奢侈消费。比如，不想吃馒头，也不愿意吃面，只想去吃一顿豪华大餐；嫌弃单间太狭小，一室一厅带独立厨卫的套房位置不好，最后挑选了一个高级公寓精装修的三室一厅。

经济学上有个名词叫“拿铁因子”，意思是说有些支出看起来并不起眼，日积月累却是很大的一笔费用，就是指这种现象。

因此每个月初做预算时，首先要懂得“取舍”，知道哪些是真正值得花的钱；然后在生活中坚持“必要”，维持基本的生活需求；偶尔满足“需要”，只坚持“必要”会很辛苦，像一个清教徒似的，给自己一点奖励；杜绝“想要”，在付款之前，先冷静地问自己一个问题：真的需要买吗？不要被冲动和攀比性的消费欲望所控制。

（三）把收支互换

针对每个人不同的情况，收支状况大相径庭，但理财首先问自己四个问题：

每个月的必要开支有哪些？

每个月的非必要花销有哪些？

每个月的偶发支出可能有哪些？

每个月的投资理财有什么安排？

千万别忽视了这几个小问题，它们可都是你成功定投的路线图，如果想清楚了，就会对自己的财务状况越发清晰，并做出相应的规划。

然后就是对收入具体分类——每个月按时领取工资后，如何分配比例才是合理的呢？可以分为以下几类：

(1) 日常的必要支出：占收入的 50%。如果这部分占比超过 70%，情况就不太妙了，必须得努力提高自己的工资水平。

(2) 非必要支出：占收入的 10%。

(3) 偶发性支出：占收入的 20%。

(4) 长期投资：占收入的 20%。

比如，一个月的收入是 1 万元，那么相对应的分配是：5000 元用于满足日常生活的必需开销，比如最基本的衣食住行、按揭还款等；1000 元用于非必要支出，比如购买一件衣服，或者看一场电影等；2000 元偶发性的必要支出，比如孝敬父母、结婚送礼、医疗费用等；2000 元的结余用于长期投资，比如指数基金定投等。这样一个大致的轮廓出来后，就是花钱的顺序，大多数人是这样的：

收入 - 必要支出 - 非必要支出 - 偶发性支出 = 储蓄，也就是所有花销之后的结余用来存储。现在很多“90 后”“00 后”都用这种方式先花再存，但想存钱的时候已经花光了，这也是“月光族”的穷人公式。

而有理财意识的人，会先把应该存下来的钱强制性存储，然后再放心地去花钱，即：

收入 - 必要支出 - 存储 = 非必要支出，也就是必要支出是必须要花的，而且生活质量还不能降低，然后就是存储。钱是规划出来的，这就是“富人公式”。

其实，即使是必要支出部分的花销，也有很多聪明的办法节省。比如，自己在家做饭，不仅会省下不少钱，而且吃得也更健康。再比如，上班时不打车而骑单车，不仅省钱还锻炼身体。

(四) 存钱，是一种习惯

我们往往错误地认为等以后收入提高了，经济状况就都可以改善了，然而事实是：我们的生活成本不断增加，消费欲望会升级，提高生活质量的诉求一直存在。

无处不在的广告随时都在鼓吹超前消费，储蓄似乎已不再流行了，但如果我们一味地买买买，抵挡不了消费欲望的诱惑，把辛苦挣来的钱挥霍掉，恐怕会自食其果而很快进入被动的财务困境。

巴菲特曾经说过他自己成功的秘诀很简单——就是储蓄、投资，然后再储蓄、再投资。积累财富，只要做好这两件事而已。

2018 年，巴菲特的身价已达 919 亿美元，折合人民币约 5915 亿元。尽管如此，他依然住在 20 世纪 50 年代用 3 万美元买来的老房子里，依然过着简朴的生活，他的小儿子皮特·巴菲特说："如果你今天走进家里，你会看到我在 1965 年看到的同样场景。"

如果想要存下钱，就要按照比自己收入低一点的生活水平来生活，因此，储蓄不应该等到每个月结束时才将花剩下的钱存起来，而是每个月拿到工资后先存下 1/5，剩下的钱再用于日常开销，即：

收入 - 储蓄 = 支出

芒格曾经说过：不要把简单和容易混淆起来。储蓄就是一件看起来挺简单，但做起来却并不容易的事情。

二、每月定投多少金额合适

这个问题因人而异。但也是在指数基金定投的过程中，让很多投资者感到困惑的问题，到底该用多少钱来进行定投呢？

我们要明确的是，首先这个用来定投的钱一定是"闲钱""长钱"，尤其不能以借贷等加杠杆的方式来定投，至少要在未来三至五年内不会被动用，为此要做好打"持久战"的思想准备，这样才能有充分的时间来穿越"微笑曲线"，才能大概率上确保不错的收益。

其次，指数基金定投的金额也跟我们在不同阶段的投资需求有关。比如，对不少上班族来说，定投是一个很好的具备"强制性储蓄"功能的投资方法。也就是说，上班族可以在不影响正常生活的基础上，拿出一小部分余钱来开始投资尝试，建议刚开始定投的时候，最好以月工资的 5% ~10% 为宜。

一方面，可以强制自己有意识地养成存钱的习惯；另一方面，也可以尝试实践一下投资理财，感受基金和市场整体的涨跌。要知道，定投和存钱不一定会立即上涨，且在短时间内，仍然可能面临亏损的风险。

另一种更普遍的情况是，很多投资者已经组建家庭，甚至抚育有一个或者两个孩子，此阶段定投就不能完全采取单身上班族的做法，而是要让定投承担一些中长期的投资目标，比如未来孩子的教育金、父母的养老金等。这个时候，我们也得事先仔细计算一下。自己在未来的资金支出需求，针对几种不同类型的投资者结构，我们在后文会单独罗列出来进行分析讲解。

那么，究竟如何根据自己的投资目标、经济状况来选择每月适合自己的定投金额呢？我们这里以指数基金投资专家老罗介绍的三种方法进行阐述。

1. 长期投资目标法

举例来说，你打算攒下 10 万元钱，在 5 年之后待儿子大学毕业开始工作时给他买辆新车，假如每月定投一次的话，那该投多少钱呢？

按照老罗的计算，假设基金定投收益率为 20%，那么你现在需要每月定投 1400 元，并且严格按照计划执行落实下去，定投账户不到迫不得已的时候中途停止，按这个收益率计算，5 年后可以拿到 10.1 万元，其中包括 8.4 万元的本金和 1.7 万元盈利。（具体的计算公式，前面章节已经讲到过，请自行查阅）

2. “备用金”留存法

一般来说，除了不差钱的土豪，一个家庭里的存款至少要能够留存 6 ~ 12 个月的必需生活开支，这样做的目的是针对突发或者意外事件后的应急。比如突然被公司解雇失业，原本看起来稳定的收入中断了，或者某个家庭成员因为急病动手术需要一笔额外支出，所以必须每个月留存好“备用金”，千万不能“弹尽粮绝”，即使发生了意外情况，也能有余下的钱来作定投。

因此，如果原本家庭的备用金储蓄不够的话，那么需要先把自己的银行账户“喂饱”之后，才能无后顾之忧地进行定投。

3. “闲钱”计算法

几乎所有的投资都是在满足基本的日常生活需求之后，结合自己的财力才能进行的，因此，拿来定投的钱一定是“闲钱”，也就是在满足“备用金留存法”的基础上进行投资。那怎么才能知道自己每个月到底有多少闲钱呢？有一个公式：

每月闲钱 =（月收入 – 月支出）÷2

举例来说，一个家庭每月总收入为 20000 元，每月支出生活费、房贷、车贷、孩子抚育费用等共计 12000 元，那么每月闲钱计算出来就是 4000 元，结合”备用金留存法“，所以定投的金额一般不超过 4000 元，可以低于这个数字比如 3000 元。

上述方法并不是固定不变的，因为会随着时间的推移发生变化，比如工资上涨了、房贷结清了等等，可支配的现金流就会增加不少。如果投资者认为有必要，可以适当调整每月定投金额。但总体原则是：定投既不能增加你的生活负担，也能够恰到好处地利用你的闲钱。

实际上，指数基金定投包含了两层意思：一是定期定额，二是定期不定额。

之前所讲的方法多为定期定额的定投方式，也就是选择一个固定日期，然后投入相同的金额，比如每个月 28 日定投 2500 元的指数基金产品，定投的时间和金额是固定不变的。

但以实践经验来说，针对国内 A 股市场波动剧烈和牛短熊长等特点，如果要想取得更好的定投收益，建议大家采用定期不定额的定投方法。

前面介绍过，指数基金是可以长期上涨的，尤其是优秀的宽基指数基金和行业指数基金，长期涨幅都是很不错的。我们在低估值区域定投这些指数基金如果短期内下跌了，投资价值实际上是提高的。

打个比方，假设指数基金在一年时间里会有上下 30% 的波动起伏，那么这个过程中必然会出现低估值，也可能会出现高估值，如果我们在指数基金处于低估值的时候定投更多的金额，这样就能获得更多的收益，因此定期不定额，也被称为“定投收益放大器”。

三、敲黑板：筛选适合的定投基金

通过选择不同类型、品种的指数基金定投组合，可以对资产进行合理和优化配置，但目前市场上有数千只公募基金产品，该如何选择呢？我们说过

“不把鸡蛋放在一个篮子里”，对很多投资者来说，在每个篮子里放不同的鸡蛋是一个行之有效的方法，也就是指数基金的结构组合式投资。

（一）定投基金筛选步骤

第一步：挑选各个阶段排名靠前的基金。

这相当于给基金评级，也就是基金评级机构按照相关的规则，通过科学定性、定量分析对投资者投资于某一种基金后所需承担的风险及能够获得的回报进行评估，并根据收益和风险的评估对基金进行排序。

在晨星、蛋卷、蚂蚁和天天基金等第三方平台上，几乎每天都能够查到基金从最近3个月至3年内的前20位的排名。注意，尽量不要选择近期很火爆上涨厉害的指数基金，要根据过往的历史涨跌曲线及其表现来判断，因为我们定投是中长期持有，并不适合快进快出。定投的时候，建议选择至少3星以上的。

第二步：挑选多只进入排名靠前的基金。

一个基金公司如果只有1只优秀品种是不行的，无法支撑整个公司的正常运营，而且容易出现背后的明星基金经理换人了，这只基金的表现就会不佳，过于依赖基金经理个人的能力是大忌，选基金要看重整个团队的稳定表现。所以，在第一步筛选出的基金里，要将品种排序靠前的同类基金公司优先考虑。

第三步：根据指标来筛选优秀基金。

（1）成立时间。

尽管新基金不一定不适合定投，但对普通投资者来说，还是尽量“买旧不买新”，实战操盘经验是一笔财富，成立时间越久，运营体系、操盘模式就相对越成熟，建议定投那些成立时间在3年以上的基金更为稳妥一些。

（2）基金规模。

基金规模大一些，跟踪误差相对较小，一方面，遇到大规模申购和赎回时冲击较小，不容易清盘；另一方面，基金公司团队整体水平相对较高和稳定；但是，规模太大了也存在不少问题，如“船大难调头”，建议单只定投品种规模在2亿元以上，30亿元以内。

（3）基金费用。

基金的费用包括两类：一类是交易费用，包括申购费和赎回费，这类费用在买卖基金的时候收取；另一类是运营费用，包括管理费、托管费和销售服务费，这类费用每天从基金净值中计提。

指数基金投资的两大核心要素除了可以至少获取市场平均收益外，另一个就是费用低廉，有些基金隐藏的潜在费用不少，万分之几的费率单笔看起来不多，但如果是长期持有，额外费用也会吞噬掉很大一块收益。

第四步：基金经理。

优秀的基金公司固然重要，但基金经理才是真正进行投资决策的人。选基金首先要看这只基金是否经常更换基金经理，其次是看这只基金在这个基金经理手里的回报是否稳定持续，不要选择那些喜欢大起大落操盘的基金经理。

一般来说，每只成功的指数基金背后都不只是一个负责投资的基金经理，而是有一个庞大的研究团队来分管投资研究和风险控制等各个环节。

投资者一定要在定投前制定好定投计划，挑选好的投资产品，这是开始定投的前提，也是坚持定投的意义。如果没有选择适合定投的产品，那么坚持很久可能都等不到定投“微笑曲线”上扬的时刻。

（二）定投几只产品比较好

“不把鸡蛋放在一个篮子里”，意思是说投资要适当分散风险，但这也并不是说定投的产品越多风险就越小，两者之间没有正相关关系。

实际上，很多成功的投资者都会在每一类风格的基金中选出最熟悉的那一只，就像巴菲特曾经说：我从来不投资我不懂的领域和股票——专业的事情应交给专业的人去做，就是因为他们懂得更多，也有更多的时间、精力去研究分析。所以，选择定投时我们一定选择最了解，或者说最看得懂的那一只，在基金的投资领域、投资方向、投资策略等方面好好研究一下基金经理的投资风格，甚至将他作为筛选标的也可以。

总体来说，其他的评估标准其实可以忽略，挑选太多反而容易让人眼花，无所适从。需要注意的是，如果是同一类型的指数基金定投很多只没有任何意义，这样做其实是变相地“把鸡蛋放在同一个篮子里”。

一般情况下，如果我们要对资产进行组合配置，平衡风险，可以挑选不同类型的指数基金品种进行定投，比如选择跟踪优秀的宽基指数沪深300、优秀行业指数的中证医药100、中证消费指数三种基金产品，这种搭配相对合理有效，中长期持有的收益也非常不错。

所以，持有过多的指数基金并不能让投资者稳操胜券：首先，每个人的精力是有限的，管理不过来；其次，如果定投基金数量太多，风险控制也没法做得很完善。对于众多普通投资者来说，我们建议买入持有定投的指数基金产品最多不超过5只，2~3只最为合适。

（三）投后跟踪定期优化

制定了一个可以执行的定投计划并且开始参与投资了，并不是终点。因为一份好的计划不会是永远一成不变的，还需要我们在实践过程中不断地检查调整、改进优化，这也就是做好基金定投的投后跟踪。

一般来说，定投记录会包括指数基金定投的日期、金额、品种、交易、价格和估值等信息，争取可以做到每周或者每个月进行一次复盘，仔细分析，但不宜太过频繁，而且也要注意不要受到主观情绪的影响。比如，在市场整体估值并不高却震荡波动期间，一旦看到指数处于下跌通道，就忍不住想"割肉止损"等，要坚定地按照定投计划执行下去才能够获得超额收益，笑到最后。

单就投资标的来说，我们需要持续跟踪定投基金的后续表现，一方面看基金经理是否稳定，尽管指数基金属于被动投资对基金经理的能力要求不高，但其操盘的跟踪误差却很关键；另一方面，我们还要关注每个报告期内是否有净值的大幅波动并分析异动原因，同时收集基金的相关新闻以及公告情况等进行分析，做到随时跟踪掌控。

优化的方法有很多，我们可以在定投过程中慢慢关注，学习积累后逐渐形成自己的定投理念和方法。通常来说，按照"盈利收益率"投资法分析，指数基金产品被低估得越严重，其投资价值就越高，尤其当达到价值投资理念中所讲的价格远低于内在价值的时候，就越值得买入。这种时候，我们需要经过仔细分析与谨慎决策之后增加定投金额，买入更多的基金份额，这样可以进一步提高投资收益。

延伸阅读

定投计划

1. 梳理现金

（1）我的家庭月收入是________元，家庭月开支是________元，每个月剩余资金________元（剩余资金 = 月收入 – 月支出）。

(2)每个月的剩余资金________元，我打算拿出________%的比例来定投(一般不超过60%)，也就是说，每个月我能用来定投指数基金的资金是________元。

2. 选择适合定投的指数基金(根据个人情况在相应的□中打√)

通过□公众号(或者□指数网站)查找当前处于低估、适合定投的指数基金有________只，分别是：______________。

□我的每月定投资金少于1000元，可以选1只，我选择________。

□我的每月定投资金在1000～3000元或以上，可以选2～3只，我选择的是________，每只指数基金的定投金额分别为________元。

3. 制定定投计划

(1)寻找适合自己的定投渠道。

□我有过投资股票的经验，熟悉场内操作，可以从场内入手，券商是________，使用的股票交易软件是____________。

□我是新人，刚开始接触定投，可以从场外开始入手，选择场外的定投平台是____________。

(2)确定每月的定投日期。

我选择每月________日作为定投日进行定投，原因是：__________，将本月定投资金投入到低估值指数基金上。

(3)列出投资策略。

我的投资策略是：

在指数基金低估的时候坚持定投。

在指数基金恢复正常估值的时候坚定持有基金份额。

到牛市指数基金高估的时候分批卖出获利。

4. 做好定投记录

在记录定投信息的时候，需要记录的是：定投的时间、定投的操作(买/卖)、定投买入或卖出的品种、定投买入或卖出的总金额、成交的基金份额数量、买入或卖出的估值。可制作“定投记录表”跟踪监测自己的投资情况，如表8.2所示。

表 8.2 定投记录表

日期	操作（买/卖）	交易品种代码	买入或卖出金额(元)	成交单价（元）	买入或卖出的份额	买入或卖出时的估值

资料来源："银行螺丝钉"公众号"定投十年赚十倍"

四、常见的定投计划案例解析

前面提到过，指数基金定投计划因人而异，因不同的人有各种不同的特殊需求，没有整齐划一的标准版本，是不可能"依葫芦画瓢"的，否则会适得其反。

一般来说，按照家庭结构可分为两种类型：一是单身族或丁克家庭，二是抚育子女的家庭，这两种类型最具有典型性，而且也分别代表了各自不同的投资需求，因此需要针对不同的情况、不同的阶段来制定相应的定投计划。

不管哪一种定投计划，始终都会围绕"买什么，怎么买，卖什么，怎么卖"这几个方面进行规划，万变不离其宗，大家可以结合自己的家庭结构状况分析目前自己处于哪个阶段，下面分情况通过案例解析一下，大家做参考。

（一）为子女制定教育定投计划

子女教育，相当于打一场二十余年的持久战。

为了让孩子有更好的教育资源，不输在起跑线上，养育孩子的成本越来越高，"拼娃"现象越来越严重。

对大多数城市家庭来说，父母在子女教育上的花费已经远远超过其他日常生活开销，所以，如何让子女的教育支出不成为沉重的负担已日益引起广大家长的关注。

有的读者朋友可能接触过银行理财中的"教育储蓄"以及保险公司针对子女教育金推出的产品等，宣传上都说"低风险、稳定收益"，简单地说就是让家长在银行(保险公司)存入一大笔钱，为自己的孩子积累将来教育所需要的资金，根据需要分阶段提取。看起来，这的确是未雨绸缪，但实际上，这些投资产品的收益率非常低，远远跑输通胀率，比如，银行力推的教育储蓄金，几乎相当于定期存款，一年期利率约为2.5%，如按照2020年3月份4.5%的通胀率换算，你辛苦挣来的钱躺在账户上就贬值了至少2%！

如果对子女的教育定投计划尽早尽快实施，“滚雪球”的复利效果就会越来越明显，相较其他的定投计划，教育定投具有很强的预见性，也就是孩子成长的每个时间段都非常清晰，这样更方便我们以倒推的方式回测今天的定投金额大致是多少，在此基础上我们再根据孩子的年龄及家庭收入来制定合理的定投计划。

这里要注意两个问题：一是教育基金需要长期持续地投入，而且是专款专用，在确定好定投周期内只能投入不能取出，所以定投的资金一定是长期不用的闲钱；二是因为往往教育资金需要在某个时间点一次性支出，所以要保证资金在需要的时候可以随时以现金的形式取用，不能是难以变现的其他资产。

以每个月投入1000元为例，假设从孩子出生时就开始做定投计划，待孩子长大到18岁上大学时，如果定投年化收益率以6%计算，最少也可以获得近40万元(含本金)，足够孩子上完大学4年的所有费用了。

再举例来说，你打算把现在3岁的孩子将来送出国去留学，现在已经积攒了10万元的教育金，但仅靠这10万元，显然是无法满足至少4年的本科教育费用，如果我们从现在开始定投计划，究竟每个月平均需要投资多少金额呢?

假如现在到英国留学每年的费用是30万元人民币(下同)，按照每年3%的学费增长率和8%的投资年回报率来计算，到孩子18岁出国留学的时候，需要准备约167万元的教育金。那个时候，你原有的10万元教育金通过投资已累积到了31.7万元，两者之间的缺口还差约136万元，也就是说从现在算起要为孩子积攒136万元教育金。

如果我们采用每个月定投的方式投资，假设投资年回报率为8%，那么每个月需要定投的金额约为4200元就基本上可以满足孩子未来的教育金需求了。

如果根据目前家庭日常生活收支情况计算这个定投金额占比过高，那么在不改变其他条件的情况下，就只能选择收益率较高的指数基金组合来进行定投，适当提升预期收益率，比如，把原本设定8%的收益率提高到10%，那么我们每个月定投的金额将从约4200元下降至约3100元。

基于以上案例中的分析，我们可以这样来为孩子制定教育定投计划：

根据期望孩子将接受教育的程度来确定定投的时间年限；

根据实际情况，以及孩子上学各个阶段用钱的需求时间等来确定定投时间、定投渠道；

根据家庭日常收支以及积攒教育的目标金额来确定定投计划的每月定投金额；

挑选盈利收益率相对较高的指数基金产品；

遵循定投策略和价值投资理念，坚持定投，止盈不止损等。

(二)为自己制定养老定投计划

中国有句古话：四十不惑，可见40岁是人生的一道分水岭。

人到中年其实是一个最为尴尬的年龄段，“谈情已老、谈死太早”。现代社会的高强度、快节奏的生活方式，实际上把这种压力大大提前了，比如说我们30多岁的时候，就会开始强烈地承受着来自工作、生活、家庭等的诸多压力，家庭开支、子女养育、父母赡养等一系列问题逐渐浮出水面。更要命的是，随着子女完成学业跨入社会，我们自己的身体健康情况也日渐不容乐观，而且在未来并不遥远的时间内将面临着退休。

“凡事预则立，不预则废”，如何过一个没有顾虑的老年生活，享受高质量的生活方式，是我们必须提前打算并实施的问题，也就是如何制定自己的养老定投计划。

现在，国内的社会福利全面提升，养老制度也越来越完善，绝大多数人在退休后都能够领取到一定的养老金，满足基本的日常生活几乎没问题，但是仅仅依靠养老保险积攒的退休金，显然是不够的，如果想过好晚年生活，仅靠这些微薄的资金经常会感到捉襟见肘。实际上，我们现在所缴纳的社会基本养老保险本质上也是一项定投：在退休前，我们需要缴纳至少15年的保险费，不断往计划里投入资金，在很长一段时间内都是“只进不出”的，直到退休后，我们才能逐笔取用养老金。

从这个特点上来说，我们进行的定投计划也是一项长期的价值投资——为保证退休后的高质量生活，提前不断地定投合适的指数基金产品，获取的收益是在养老保险的基础上锦上添花。

相对而言，养老定投计划对收益的稳健性要求更高，不能单纯地冲着高收益而去冒风险。正如前面提到过的，定投能够有效降低平均成本，分散择时风险，降低收益率的波动性，在3～5年内的长期投资过程中能够平衡投资风险，这也是定投计划更加适合养老金保值增值的原因。

而且，因为退休金只能保证基本的日常生活开支，所以我们在定投计划积累一定金额后，需要每年从中提取一部分资金，用于旅游度假、购物消费等开销，来提升我们的生活质量。那每年提取多少资金才合适呢？我们建议取用金额为总持有资金的3%～5%，不会影响后续的收益和长期取用。打个比方，假如持有50万元市值的三只指数基金，每年从中提取出不超过2.5万元，就可以保证一直有钱可取，这就是可以源源不断流入的“管道赚钱模式”。

那么具体来说，如何为自己制定一份能够保证退休后享受高质量生活的养老定投计划呢？（注意，下文中所说“退休金”主要是指我们原来缴纳的社会保险在退休之后返还发放的资金，而“养老金”则是包括了退休金在内的保证我们高质量退休生活所需要的所有资金）

1. 养老定投计划实施步骤

(1)退休后需要多少养老金。

我们将来领取的退休金缺口取决于对将来生活质量的需求标准，比如总资金需求、退休金收入、养老金定投收益等综合因素。大体上说，需要对以下几点心知肚明。

①确定退休年龄。

假设你打算未来在50岁退休，从30岁开始定投计划，按照85岁的寿命计算，那么需要准备35(85－50)年的养老金，留给你实施定投计划的时间就是20(50－30)年。

如果我们的退休年龄越早，此前通过社会保险所缴纳的基本退休金就越少，退休后的经济压力就会越大，而在相同的时间点开始做定投计划，越早意味着预留定投的时间越短，需要每个月定投的金额越多。

②计算资金需求。

首先计算出我们现在每一年的必要支出需要多少资金，包括基本的衣食住行、医药医疗、休闲娱乐等。其次，根据养老收入替代率的国际标准(70%～85%)把每年的支出乘以80%，才能保证退休后的生活品质不会出现太大差异。最后，把每年约3%通货膨胀率纳入考虑，计算出退休那一年需求资金的终值。

③盘点退休后收入。

退休后的收入包括社会保障提供的退休金、商业保险、兼职收入、投资收益等，可以发现，如果我们原来投资有的一些资产(版税、商铺等)能够源源不断地产生现金收益，就极大地弥补了退休金的不足。

④计算养老金缺口。

养老金缺口 = 退休后总资金需求 − 退休收入 − 已有退休金终值 − 基本退休金

这里的“已有退休金终值”可以是退休前的储蓄、投资、专利、版税等，但不包括养老定投计划的资金。对大多数人来说，退休后的养老金主要来源是基本的养老保险，也就是我们所说的“退休金”，它包括基础养老金、个人账户养老金；个人养老保险账户资金是有利息收入的，且记账利率与银行定期存款利率差不多。

(2)定投多长时间。

也就是从准备养老金定投计划到退休还有多少年。(相关内容已在第一个问题里介绍了，这里不再详细说明)

(3)定投的年复合收益率。

按照每个人的生命周期曲线来说，随着年龄越来越大，我们的风险承受能力会越来越弱，因此定投计划(组合)应趋于稳健，风险系数较低越好。

从中国养老生命周期基金系列指数编制方案的统计结果来看，债券型基金的平均收益从2005年至2016年的12年间，累计收益为148.06%，年复利率为7.86%；上证综指从1991年初至2016年底，26年时间上涨近24倍，年复合增长率为13%；现金类收益率按3%计算。

生命周期(15~20年)基金指数，它指的是距离退休还有15~20年的投资者，生命周期(10~15年)基金指数、生命周期(5~10年)基金指数、生命周期(0~5年)基金指数的预期收益率分别为9.97%、8.94%、7.92%、6.89%。也就是说，开始定投的时间越早，收益率越高。

(4)每月定投多少金额。

我们在计算出了退休后需要多少养老金 FV、定投多少年 n，以及年复合

收益率 i，就可以通过年金公式大概计算出每月需要定投多少金额了公式为：

$$PV = \frac{FV \times i}{(1+i)^n - 1}$$

每月的定投金额 = $PV/12$。

如果通过上述养老金定投计划计算出我们在未来退休后的养老金缺口比较大，可以对计划进行有针对性的调整，比如说考虑推迟退休年龄、退休后兼职工作、降低退休后生活质量等，也可以从现在开始逆向思考是否需要寻找收入更高的工作、提高投资收益率等，最后再根据实据收支情况测算出退休后我们需要多少养老金。

2. 案例分析：周先生的养老定投计划

周先生今年 30 岁，未婚，早年毕业于重庆一所一本高校，24 岁毕业后参加工作，在一家国有企业任职中层干部，月薪 10000 元左右，绝大多数时间都花在了工作中，没有太多精力关注理财投资。其父母都是高级知识分子，退休金比较高，不需要子女任何资助养老。周先生目前财务状况良好，每月日常生活开销 5000 元左右，希望 50 岁退休，预计退休后有存款约 10 万元。

假设参数设置为：寿命 80 岁，通货膨胀率 3%，养老收入替代率 80%，退休前投资收益 9%（为了计算方便，我们把其在不同阶段的收益率统一设置为 9%），退休后收益率 3%（可抵通胀），无退休后收入。

①50 岁退休，30 岁开始定投计划，寿命 80 岁，则定投时间 N = 50 − 30 = 20 年，需要准备 80 − 50 = 30 年的养老金。

②目前每个月开销为 5000 元，退休金每月支出 = 5000 元 × 80% = 4000 元，20 年后退休金每月支出 $4000 \times (1+3\%)^{20} = 7224$ 元。

③假设退休前一年当地职工月平均工资为 10000 元，周先生指数化月均缴纳费工资 20000 元，则基础退休金 =（1 万元 + 2 万元）/2 ×（50 − 30）× 1% = 3000 元，个人账户养老金 = 20000 元 × 8% × 12 × 20/195 = 1970 元（忽略利息收入），基本养老金 = 3000 元 + 1970 元 = 4970 元。

④每个月的养老金缺口为 7224 元 − 4970 元 = 2254 元。

⑤已有退休金终值 10 万元。

⑥退休后的总养老金缺口 = 2252 元 × 12 × 30 − 100000 元 = 711440 元。假设退休后没有其他投资收益，且退休后投资收益与通货膨胀相抵消，因此需要准备的退休金总额约为 70 万元。

⑦N = 20、I = 9%、FV = 70 万元，通过计算得出 PV = 13680 元，每个月定投金额为 13680/12 = 1140 元。

也就是说，周先生只要坚持按照定投计划每个月投入 1140 元，在其他数值不变的情况下，就可以在 50 岁的时候退休后，保证生活质量跟目前的生活水平差不多。应该说，对一个目前只有 30 岁，每个月工资收入 10000 元的投资者来说，每个月即使扣除按照定投计划投入的 1140 元养老金费用和日常生活开销(5000 元)，每个月仍然还有 4000 元左右的结余，完全没有任何压力可言。

值得一提的是，我们在做养老金定投计划选择指数基金产品时，除了在低估区域开始投资之外，特别适合挑选高分红的指数基金品种，比如上证、中证、深证的红利指数基金(具体内容可参见第六章“策略加权指数基金”一节)。

红利指数最明显的一个特点就是高股息率。无论是哪一种红利指数基金，每年都会以现金分红的形式分给股东，这样我们退休后依靠指数基金每年的现金分红就可以稳定获得维持基本的生活支出所需要花费的现金流，相当于得到一个额外的“大红包”。

跟为孩子制定教育定投计划一样，我们可以这样来为自己将来的养老制定一个定投计划：

①计算退休后我们需要多少养老金；

②根据个人情况，决定定投的年限。然后再确定定投日、定投渠道等；

③确定每个月投入到养老金定投计划中的资金金额；

④挑选发放高股息率的指数基金品种，比如红利指数；

⑤遵循指数基金的投资策略，长期定投，止盈不止损等。

为了自己能够有尊严、高质量地安享退休生活，越早开始制定养老金定投计划越好：越早开始，每个月定投的金额越小，压力也就越小，否则，就只能延迟退休或者增加每个月定投的金额了。

第九章

资产配置：长期稳健收益的核心

资产配置多元化是投资市场上唯一的免费午餐。

——马科维茨(诺贝尔经济学家)

几乎每个人都希望自己辛苦挣来的钱不要因为通货膨胀率持续贬值。如果能用它买点投资产品，不费力气地“以钱生钱”，跑赢 CPI 该是一件多么愉快的事情。但从实际生活来看，我们身边的很多人在做投资理财时真正实现了“以钱生钱”的只是极少数，大多数的人在投资这场马拉松比赛中长期都处于尴尬的位置：运气好一点的，“偶尔赚过”；运气差一点的，“仍在亏损”……

投资对于普通人来说真就这么难吗？

在我看来，与其说困难，不如说是因为我们对投资有着很多错误的认知，比如，在没有充分理解各种投资产品时就急迫地把钱交给银行、基金公司或者想当然地投资了股市，但你真的了解当前的股市是什么情况吗，你买的指数基金估值如何？

这可是真金白银啊，如果你一问三不知，对自己辛苦挣来的钱太不负责了，如果选择这么做，怎么可能赚到钱，怎么可能不亏钱呢？

不过，从我个人的实践经验来说，我认为只要不贪婪、少冒险，赚到收益其实并不难，难的是如何实现长期稳定的收益，这也是我们本章要讲的核心——资产配置。

实际上，在投资获利的归因分析中，90% 以上的收益是由资产配置决定的，资产配置是实现长期投资稳健收益的核心。进一步说，在众多影响投资收益的因素中，个股选择、进场时机等都是不可控的，只有资产配置才是投资者唯一可控的因素。

做好资产配置，才能保证投资者以合理、积极、健康的心态面对市场的跌宕起伏，尤其是遭遇到极端市场的挑战时，才能做到理性和冷静而不受市场情绪的扰动。

举例来说，比如在 2020 年春节后因为受到新冠肺炎在全球蔓延的影响导致股市短期内遭遇了极端连续的暴跌，这种时候如果我们手中的钱都是长钱，焦虑自然就会少一些；但如果我们没有做好资金的期限管理，很可能会因为短期的冲动操作而影响了整个投资布局。

说到资产配置，大多数人可能都会想，不就是鸡蛋不要放在一个篮子里吗，谁不知道呢？问题的核心在于你究竟理解到什么程度，能否从“知道”到“做到”，最终实现赚到——毕竟，赚钱才是硬道理啊。

我们先来看一下历史数据（表 9.1）。

表 9.1　上证指数与国债长期投资下收益率与波动率数据对比

资产类别长期表现		
类别	年化收益率(%)	波动(月线)(%)
上证指数(1991 年至 2016 年)	13.06	56
国债(2003 年至 2016)	3.4	2.6

从表 9.1 所示中可以看出，从 1991 年至 2016 年，以投资沪指为例，平均年化收益达到 13．06%。看起来挺不错，但如果再仔细瞧瞧它的波动性，以月线来计算，竟然高达 56%，心理承受能力差的人，估计会长期失眠。而以上证国债为样本的债权类投资就稳健得多，波动月线只有 2.63%，当然，收益也不能抱有太高的期望，2003 年至今年化收益只有 3．34%，略胜于定期存款而已。

哦，既然股票比债券赚钱多，那我就集中弹药，把资金都投资在股市上呗。至于风险嘛，分散开不就行了，自然不会把鸡蛋放在一个篮子里，比如我就买 10 只或者更多股票、指数基金不就可以了吗?

但，这就是资产配置吗?真相并非如此简单。

一、什么是资产配置

资产配置不是随便买点理财产品那么简单?这里所说的“资产”指的是股权、债券、商品等大类投资资产，只有把资金在大类资产之间进行分散，才能够借助于它们之间的“涨跌互现”实现降低风险的目的。

1. 资产配置和资产选择

我们需要先来解读一下两个概念：资产配置和资产选择。

所谓资产配置指的是资金如何在各类资产中进行配置，比如多少比例买股票，多少比例买债券，多少比例买指数基金等。

所谓资产选择指的是对于某一类资产做选择，比如说买哪几只具体指数基金的具体问题。

现实生活中，只要涉及投资就一定会遇到这两个问题，但遗憾的是大多数人都在凭感觉做“资产配置”，把大量时间和精力耗费在了资产选择或者某个投资机会的把握上，实际上这对总收益的影响并不大。

简单地讲，资产配置和资产选择一个是战略层面的问题，一个是战术层面的问题，前者比后者重要得多。

被誉为“全球资产配置之父”的加里·布林森(Gary Brinson)曾在1991年说：资产配置，即资产如何在股票、债券、银行存款等大类资产中配置，对总收益的影响超过了90%。

另一位被誉为“捐赠基金行业教父”的耶鲁基金首席投资官大卫·斯文森(David Swensen)更是指出：“资产配置是投资过程中的核心环节，是投资收益的最大决定因素”。

2. 正确的资产配置

资产配置有一个公认的比较基准，这就是1990年诺贝尔经济学奖得主哈里·马科维茨提出的投资组合理论(Portfolio Theory)。

所谓投资组合，我们可以简单理解为投资多个而非单个证券或指数基金，这样可以尽可能地分散风险，如果一个组合够大，就可以把证券或指数基金的个体风险分散掉，这样就避免了“把鸡蛋放在一个篮子里”的危险。

我们要做的资产配置就是围绕这一理论展开阐释的，只有降低风险和增大收益两个特质，才是合理的资产配置。所以，真正理解资产配置，还必须了解一个事实——所有的可投资资产，在长期来看，都有一个与众不同的收益值与风险值，也就是说，在同样的风险水准下获取更高收益，或在同样的收益预期下风险水准更低。用加里·布林森的话来说就是：投资组合应该由不同类型资产的混合，混合的程度越高，所能取得的投资回报就越好。

我们先来看一看美国市场上股票和债券单一投资与组合投资的收益风险对比，见表9.2所示：

表9.2 美国股票和债券单一投资与组合投资的收益风险对比

经济状况	股票基金(%)	债券基金(%)	1:1的投资组合(%)
萧条	-7	17	5
正常	12	7	9.5
繁荣	28	-3	12.5
期望收益率	11	7	9
标准差	14.3	8.2	3.08

由此可见，激进的股票叠加保守的债券作为一个投资组合收益率会略低于单一的股票投资，但风险波动情况却远低于投资单一的股票或者债券。

坚持组合投资可能在单一市场牛市时表现略差，但从长期来看会跑赢很多投资品种，资产配置的优势非常明显，但国内大部分投资者却没有好好将其利用起来。中美居民资产占比的对比见图 9.1 所示。

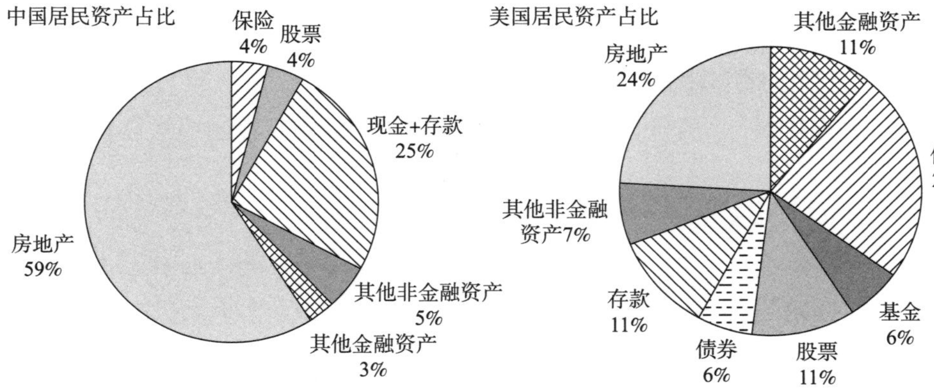

图 9.1 中美居民资产占比的对比

目前，国内大部分人的资产以房地产为主，剩下的大多为现金，投资到其他资产类别的比例仅占 16%，这种结构在房地产持续上涨阶段会有不错的表现，但一旦遭遇房地产市场大幅调整就会产生极大的风险。

二、资产配置到底有多重要

老债王约翰·邓普顿说：“除非你能确定自己永远是对的，不然就该做资产配置。”

先来看一组统计数据：美国人 70% 多的资产配置在多元化金融资产，我们一向认为超级保守“固执”的德国人的储蓄率大约 9% ~10%，几乎不投资的日本人的储蓄率为个位数，即使国外储蓄率最高的北欧人也只有 10% 多一点，然而国人的储蓄水平比这高了不止一倍。

现代投资方法研究大师罗杰·伊博森说，长期来看，投资者 91.5% 的收益都来自合理的资产配置。哈里·马科维茨通过分析近 30 年来各类投资者的投资行为和最终结果的大量案例后发现：在所有参与投资的人中，有 90% 的人不幸以投资失败而出局，而能够幸运留下来的成功投资者仅有 10%，而这

10%的人都做了合理的资产配置。

为什么会出现这种情况呢？资产配置是在结合了个人的投资目标和风险承受能力之后，综合分析股权、债权、商品期货等大类资产中的投资比例后所进行大类资产的分散投资。这种分散组合可以降低单一资产的投资风险，减少投资组合的波动性，使资产配置的收益趋于稳定，不会出现一损俱损的情况。比如，你拥有100万元的资金，分别在股票、房产、债券投入了50万元、40万元、10万元，即使遭遇了2015年6月的"股灾"，股票损失了30万元，但是债券赚钱了(一般来说，股市大涨，债市表现就差；股市大跌，债市表现就好)，房价也一直在上涨，就可以部分或者全部弥补在股市上的亏损。

换句话说，各大类资产的涨跌走势之间的相关性是很低的，而只有将资金分散在相关性较低的资产类别中，才能够在长期投资的过程里，获取稳定收益的同时降低投资风险。而如果你把钱都拿去买了10只股票或者指数基金，看起来好像每只标的的投资比例较低，资金从数额上被分散了，但是一旦股市遭遇系统性下跌，你所有的投资标的都会面临亏损，风险并没有分散开。

这种简单粗暴的做法并不是资产配置，不属于"把鸡蛋放在不同的篮子里"，而只是把"蛋"用不同的"塑料袋"分装起来，整齐划一地放在了一个篮子里，一旦篮子落地，所有的鸡蛋都将无一幸免。

也许会有人说，我什么都不买，自然就没有风险了。真的如此吗？如果把个人财富看做是"一口池塘"，我们都希望池塘里的水越多越好。水怎么才能变多呢？这需要通过劳动收入、投资收益来汇聚更多水，如果没有水源注入，这口池塘里的水除了正常用度之外，也会不断地"蒸发"。蒸发的过程或许是我们根本摸不着的，这就是"通货膨胀"，也就是什么都不买的风险。

掐指一算，从房产到柴米油盐，谁没有在此起彼伏地涨价？银行的活期存款利息只有0.35%，几乎可以忽略不计，央行一年期定期存款利息基本在1.5%左右，而按照公布的CPI增速约为2.8%(实际上远远不止)，所以要跑赢通胀，单一的存款是无法做到的，这时就需要做资产配置，合理搭配其他有效的理财产品。

三、怎么做资产配置

资产配置的组合不应该是同一资产类别项下的各种产品的组合，而应该是大类资产的分散，这样做的意义并不是为了追求最高收益，而是在追求投资回报时将风险变得可控。其要点为：

- 根据自己的风险和收益需求以及资产负债和财富流动情况；
- 跨资产类别配置可能的话应跨地域、国别配置；
- 投资相对较长的时间。

其实，资产分散配置的道理并不难理解，只是比较“反人性”，实际操作起来大多数人很难真正做到。比如，有的人追求零风险，只买保证收益的理财产品，一年赚4%，眼看着超市里的鸡蛋从1元涨到2元；有的人追求风险高的资产收益，说我在股市里低点买入、高点卖出，横冲直撞，结果每次都是被“割韭菜”，正如开一辆奥迪车进去，出来就变成了奥拓。

在我们的资产配置里面，既有增值的部分，也有保值的部分，还有保障的部分，需要达到的目的就是合理分配资金弹药，不要大起大落，而是细水长流。比如，贯穿整个2018年，国内股市回撤力度非常大，上证综指从3587点跌落到2300多点，下跌了24.59%，但是至少美元在升值；混合基金收益回落，短债基金还在坚守。

不同的阶段，有不同的产品表现。这里推荐一款简单的资产配置方法：金字塔理财模型，见图9.2所示。

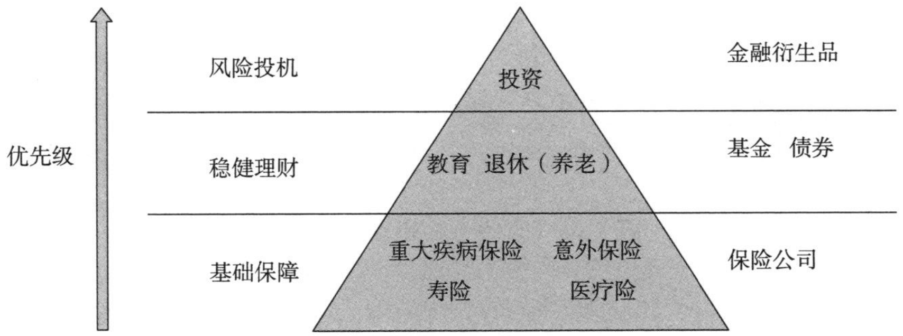

图9.2　金字塔理财模型

具体解释如下：

金字塔基石部分是基础保障，主要由流动性资产、意外保险、寿险等组成，不要指望这部分盈利，保障才是最重要的目的；

再往上的塔身是稳健理财，主要是基金、债券等，风险小、稳定性强；

再往上走，配置的部分也变小，是进取型投资，主要是股票、基金、账户金等产品，需要更长时间、更专业的方式来赚取超额收益，风险大、预期收益高；

金字塔顶尖的部分我习惯将之称为“风险投机”，但“投机”可不是一个贬义词，而是一种投资方式，它主要由期货等金融衍生品组成，预期收益非常高，但伴随的风险也巨大。

根据我的个人经验，绝大多数投资者都是偏向于保守和稳健型的，所以介绍一款被称为最科学、稳健的资产分配方式——标准普尔家庭资产配置，见图 9. 3 所示。

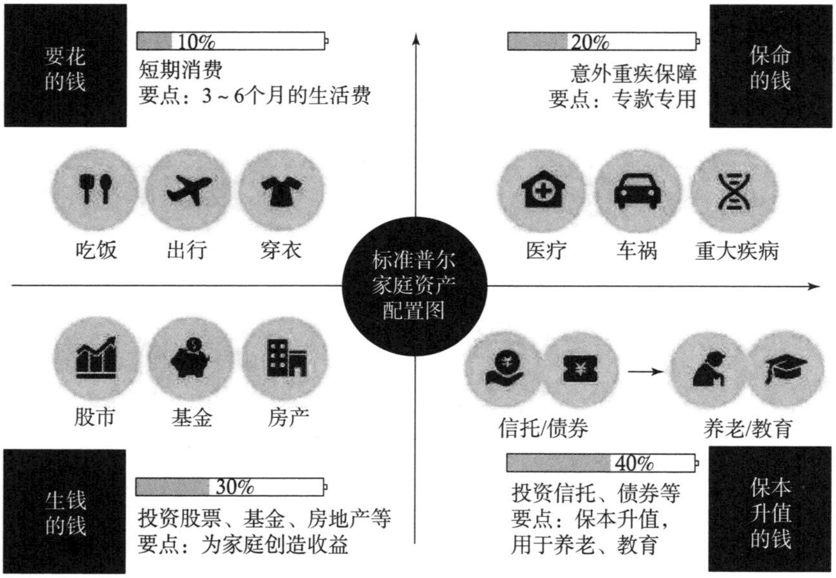

图 9. 3　标准普尔家庭资产配置图

图中把家庭资产按比例划分为 4 个账户：要花的钱、保命的钱、保本的钱、生钱的钱，按照一定比例分配，通过合理的资产配置来分散风险，达到资产配置的平衡。

要花的钱，即现金资产，指日常要花的钱：做好预算，记账，一定程度上可以控制消费欲望。

这部分资金大约占到家庭总资产的 10% 左右，通常为 3～6 个月的生活费，如日常生活中的购物、交通、旅游等费用。这部分钱的流动性要求比较高，不适合做复杂投资，一般建议可以存入银行活期账户或购买流动性比较好的货币基金。

保命的钱，即保障资产。也许平时看着没什么用，但到关键时候，它能保障你不用为了钱去卖房卖车、股票低价套现、四处求人。

这部分资金用于保障家庭成员可能会发生的意外状况或重大疾病，它们必须得保证本金不能有任何损失，比较适合做一些保险或是银行定期存款等保本类投资。

生钱的钱即投资资产，关键在于合理的配置比例，一般占到家庭资产的40% ~50%，也就是要赚得起亏得起，无论盈亏对家庭都不能有致命性的打击。

这部分资金可以投资于有一定风险的标的来创造较高的回报，主要的投资方向有股票、基金、期货等各类风险等级不同的标的，投资者可以根据自己的风险收益特征选择适合自己的品种进行投资。

保本升值的钱即稳健资产，是家庭中养老金、子女教育资金的重要来源，这部分资金在本金较为安全的前提下收益不一定要很高，但要长期稳健，并且一般不需要取用，否则在被消费欲望冲昏头脑时，很可能随手就花掉了，可以定期继续投入，积少成多。

有必要提醒的是，标准普尔家庭资产配置并不是一成不变的，随着年龄增长、资产状况的变化，各项资产的配置比例也需要进行调整，比如随着年龄越来越大，投资类产品的占比应该越来越小。

总体来说，真正的资产配置一定是在结合了每个人所不同的投资目标和风险承受能力之后，综合分析股权、债权、商品或其他大类资产中的投资比例所进行大类资产的风险分散，这需要把握好以下两大原则。

1. 关联性要低

既不能把所有资金都放在一项资产上，比如某一只股票，也不能全部放在同一类资产上，比如全部买股票或者指数基金——同一类资产很可能一起涨、一起跌，抗风险系数较低。

举例来说，很多年前某乳业公司曝出三聚氰胺事件，大多数人就会担心这是不是一个行业的问题呢？随后的检测结果证实，整个乳业行业都存在大小不同的问题，于是导致整个乳业板块持续暴跌，假设你投资的是 10 家乳业公司的基金，但面对的是行业性问题时显然达不到分散风险的目的。

2. 分散度要高

我们都知道股市波动大，尤其A股是典型的“牛短熊长”特征，如果我们将绝大部分资金配置到股票这一类资产上，上涨还好，一旦遭遇系统性震荡下跌，只能被动地看着自己的资产每天缩水。

但如果我们做过股权+债权的配置，那么在遭遇股市暴跌的时候，手中的债权类资产由于波动较小就不至于亏损甚至还会有盈利，还可以在趁着市场下跌，适当补仓进入股市或买入指数基金，以实现低位加仓或者定投，拉低整体的投资成本。

资产配置的分散不应该是同一资产类别项下各种产品的分散，而应该是大类资产的分散。这样做的意义并不是为了永远追求最高回报，而是在追求投资回报的过程中，将风险变得可控。所以归根结底，在投资策略上，资产配置的核心应是分散投资，以帮助我们在变化莫测的市场上做到进可攻、退可守。

值得一提的是，资产配置不是按照菜单去市场采购那么简单，应该基于投资者不同的风险偏好、投资目标、家庭生命周期等核心要素量身定制出一套投资方法。

巴菲特说：对于投资，时间是最好的朋友。在投资的道路上，时间是一服良药，给市场以时间，给资产配置以时间，只要能坚持下来的人，一定会获得良好的回报。要知道，那些能够在牛市里大赚一笔的人，都是熬过了熊市的“冬天”的。